I0842225

Melanie Chastagnol

Leichte Körperstrafen in der Kindererziehung

Handlungsmöglichkeiten für die Soziale Arbeit
in den Bereichen
Prävention und Früherkennung

Bachelor-Arbeit 2017

Bibliografische Information der Deutschen Nationalbibliothek:
Die Deutsche Nationalbibliothek verzeichnet diese Publikation in der
Deutschen Nationalbibliografie; detaillierte bibliografische Daten sind im
Internet über http://dnb.dnb.de abrufbar.

Herstellung und Verlag:

BoD – Books on Demand Norderstedt

ISBN: 978-3-74317-484-9

Inhaltsverzeichnis

Abbildungen und Tabellen

Vorwort und Dank

Aus der Perspektive einer Mutter, Sozialpädagogin und Sozialarbeiterin, interessiere ich mich dafür, wie bestimmte Faktoren die kindliche Entwicklung zeitlebens beeinflussen können.

Ein zentrales Moment meiner Überlegungen war, welche Berechtigung leichte Körperstrafen als Erziehungsmittel in der heutigen modernen Erziehung zugestanden werden kann. Die Frage, ob eine Verankerung im Gesetz oder Sensibilisierungskampagnen präventive Wirkungen hervorrufen, kann meines Erachtens nur vor dem Hintergrund einer systematischen Betrachtung präventiver Interventionsmöglichkeiten beantwortet werden.

An dieser Stelle bedanke ich mich bei allen Personen, die mich bei der Erstellung dieser Bachelor-Arbeit unterstützt haben:

Ein besonderer Dank geht an meinen Mann Frédéric und an meine Tochter Jean Diana, welche mir während dieser intensiven Zeit stets den Rücken freihielten, mich unterstützten und motivierten.

Ich bedanke mich bei Martin Hafen und Andreas Pfister, die mich in Fachpoolgesprächen kompetent in den Bereichen Prävention und Früherkennung berieten, bei Frau Margot Vogel Campanello, für die professionellen Feedbacks im Bereich leichte Körperstrafen in der Kindererziehung und bei Peter Mösch Payot, für die hilfreichen Rückmeldungen bezüglich der rechtlichen Grundlagen.

Ein tiefempfundenes Dankeschön geht ausserdem an meine Kommilitoninnen und Freundinnen Gina Küpfer, Joëlle Nicolier und Tamara Zurfluh für das Gegenlesen dieser Arbeit und für die konstruktiven Rückmeldungen.

1. Einleitung

Die vorliegende Bachelor-Arbeit befasst sich mit dem Thema leichte Körperstrafen in der Kindererziehung, im häuslichen Kontext in der Schweiz. In diesem Kapitel wird einleitend ein Überblick über die gesamte Arbeit geschaffen. Zunächst wird die Ausganglage und die daraus resultierenden Fragestellungen präsentiert. Daraufhin wird die Zielsetzung beschrieben und Adressatinnen und Adressaten benannt. Im Anschluss an die Themeneingrenzung findet ein Überblick über den Aufbau dieser Arbeit statt.

1.1. Ausgangslage

Das Thema leichte Körperstrafen in der Kindererziehung ist überaus aktuell, zumal es keine explizite Bestimmung im schweizerischen Gesetz gibt, welche diese im häuslichen Kontext verbietet (Stiftung Kinderschutz Schweiz, 2016). Die Vorstellungen darüber, in welchem Ausmass leichte Körperstrafen gegenüber Kinder als zulässig anerkannt oder zumindest toleriert werden sollte, unterzogen sich zunehmend einem gesellschaftlichen Wandel (Remo H. Largo, 2004, S. 333-339). Viele Autoren und Autorinnen[1] betonen, dass ein Recht auf Körperstrafen nicht mit dem Wohl des Kindes vereinbar ist.

Sowohl auf kommunaler, kantonaler wie auf Bundesebene wurde viel darüber diskutiert, mit welchen Mitteln sich Kindeswohlgefährdungen am besten präventiv vermeiden lassen. Zuletzt wurde am 18. Juni 2015 von Nationalrätin Chantal Galladè, SR 15.3639, die „Abschaffung des Züchtigungsrechtes" in einer Motion verlangt. Der Bundesrat erachtete im August 2015 aber eine explizite Bestimmung als nicht notwendig, weil er befand, dass die aktuelle

---

1 Wie Jörg Maywald, Dominik Schöbi, Meinrad Perrez, Stiftung Kinderschutz Schweiz, Günther Deegener, Wilhelm Körner und andere.

Rechtslage ausreiche. Daher beantragte er die Ablehnung dieser Motion (Stellungnahme des Bundesrates vom 19. August 2015). Andere Vorstösse in ähnlicher Weise blieben auch in den Jahren zuvor erfolglos[2].

Eine Studie der Universität Fribourg konnte zwar bezüglich des Ausmasses zwischen 1990 und 2004 eine leichte Abnahme von leichten Körperstrafen feststellen, jedoch zeigten die Eltern weniger Zweifel und Reue gegenüber Körperstrafen (Dominik Schöbi & Meinrad Perrez, 2004, S. 41).

Die Kinderrechte gehören zu den Menschenrechten, die für Professionelle der Sozialen Arbeit als Fundament für ihr Handeln dienen. Prävention und Früherkennung können als Handlungsoptionen hinzugezogen werden, um die Rechte zu erfüllen (AvenirSocial, 2010). Für Silvia Staub-Bernasconi (2007a) ist die gesetzliche Legalisierung von Gewalt an Kindern ein soziales Problem für die Soziale Arbeit (S. 9). Die Soziale Arbeit ist eine Disziplin, die sich auf Gerechtigkeit und Chancengleichheit bezieht (Berufskodex (BK), 7.3, 10.3). Aus ethischer Perspektive kann sie darum ihrer Früherkennungsfunktion gar nicht ausweichen. Zu ihrem Selbstverständnis gehört es, Belastungen abzubauen und Risiken zu mildern (BK. 7.1). Um Kinder langfristig vor körperlichen Bestrafungen zu schützen, ist Prävention als Hauptstrategie sehr wichtig (Susanne Kurz, 2015, S. 23). Eine geeignete Vorsorge vermeidet teure und langwierige Nachsorge und verfolgt auch gemäss Martin Hafen (2014a) das Ziel, zukünftige Probleme zu verhindern, ehe sie auftreten (S. 22). Die Prävention ist somit ein geeigneter Ansatz, da sie zu verhindern versucht, dass Kinderrechte verletzt werden.

---

2 Postulat 07.3725 „Gewalt und Vernachlässigung in der Familie: notwendige Massnahmen im Bereich der Kinder- und Jugendhilfe und der staatlichen Sanktionierung" eingereicht am 05. Oktober 2007 von Jacqueline Fehr; Parlamentarische Initiative 06.419 „Verbesserter Schutz für Kinder vor Gewalt", eingereicht am 24. März 2006 von Ruth-Gaby Vermot-Mangold.

1.2.   Fragestellung

Vor diesem Hintergrund stellt sich für die Praxis der Sozialen Arbeit folgende Frage:

Welchen Beitrag kann die Soziale Arbeit in den Bereichen Prävention und Früherkennung, bei leichten Körperstrafen in den ersten Lebensjahren in der Kindererziehung im familiären Kontext in der Schweiz, leisten?

Daraus ableitend stellen sich vier Detailfragen:

1. *Wie werden leichte Körperstrafen definiert?*
2. *Welche Folgen haben leichte Körperstrafen und inwiefern wird das Kindeswohl durch leichte Körperstrafen verletzt?*
3. *Welche rechtlichen Rahmenbedingungen sind bezüglich leichter Körperstrafen in der Kindererziehung in der Schweiz gegeben?*
4. *Was sind Einflussfaktoren und Anzeichen für leichte Körperstrafen in der Kindererziehung in den ersten Lebensjahren im familiären Kontext im Hinblick auf präventive Massnahmen?*

1.3.   Zielsetzung, Adressatinnen und Adressaten

Diese Arbeit soll einen Beitrag zur Sensibilisierung leisten und dabei helfen, gesellschaftliche Normen und Werte zu reflektieren. Es soll herausgefunden werden, was Professionelle der Sozialen Arbeit bezüglich Prävention und Früherkennung bereits leisten und welche Handlungsoptionen in Bezug auf leichte Körperstrafen bestehen.

Die Bachelor-Arbeit richtet sich an Professionelle der Sozialen Arbeit, welche in den Bereichen Prävention und Früherkennung tätig sind. Weiter richtet sie sich an Fachleute in sozialen Institutionen, wie etwa in Familienberatungsstellen, in Kindergärten und Kinderkrippen sowie an Mitarbeitende der Sozialen Arbeit in der Schule. Selbstverständlich werden auch Studierende, Eltern und andere interessierte Personen eingeladen, aus den Erkenntnissen dieser Arbeit zu profitieren.

1.4.   Abgrenzung der Arbeit

Diese Fachliteraturarbeit, welche sich auf deutschsprachige Literatur abstützt, betrachtet hauptsächlich die Sachverhalte in der Schweiz. Sie befasst sich bewusst mit leichten respektive milden[3] Körperstrafen bei Kindern im Alter zwischen 0 und 5 Jahren, welche von ihren Eltern ausgeübt werden. Der Grund für die Auswahl dieser Altersspanne liegt darin, dass viele Ereignisse von Kindeswohlgefährdung bereits im Säuglingsalter stattfinden (Simone Carolin Botzenhart, 2013, S. 2). Da Kleinkinder und Säuglinge noch wenige Kontakte zum ausserfamiliären Umfeld haben und sich meistens selbst noch nicht äussern können, erscheint Prävention und Früherkennung als besonders relevant (ebd.). Viele Autoren und Autorinnen erwähnen leichte Körperstrafen oftmals nur am Rande, obwohl gerade diese den Weg in schwerere Ausmasse ebnen können (Judith Wyttenbach, 2003a, S. 769).

Formen wie sexuelle Gewalt, Tötungsdelikte, schwere Kindesmisshandlungen, soziale Vernachlässigung, Körperstrafen im Schulsystem und in Pflegefamilien werden im Rahmen dieser Arbeit ausgeschlossen. Diese Bereiche sind durch Faktoren bedingt, die nicht im direkten Zusammenhang mit leichten Körperstrafen in der Kindererziehung im häuslichen Kontext stehen. Sie müssten darum eigenständig bearbeitet werden.

Es wird erwähnt, wie das Kindeswohl mit gesetzlichen und behördlichen Kindesschutzmassnahmen gewährleistet wird. Es wird jedoch nicht vertieft darauf eingegangen, weil leichte Körperstrafen an Kindern zufolge Wyttenbach

---

3 Autoren und Autorinnen verwenden die Begriffe „leichte" und „milde" Körperstrafen synonym, aufgrund dessen unterscheide ich in dieser Arbeit nicht eindeutig zwischen den hier diskutierten Begriffen.

(2003a) nur selten zu behördlichen Massnahmen führen (S. 769). Die Begriffe Kindeswohl und dessen Gefährdung werden im Blickwinkel auf die präventiven Massnahmen und Instrumente der Prävention und Früherkennung definiert. Die Themen Frühbehandlung und Behandlung von Kindeswohlgefährdung werden am Rande thematisiert, da sonst der Rahmen dieser Arbeit gesprengt werden würde. Leichte Körperstrafen können emotionale und psychische Folgen für kleine Kinder haben und auch gemeinsam mit emotionalen Bestrafungen auftreten (Franz Moggi, 2005; zit. in Moonki Hong, 2016, S. 115). Aufgrund dessen werden diese Formen nicht ausgeklammert. Psychische respektive emotionale Bestrafungen in der Kindererziehung (Hausarrest, Liebesentzug) gehören jedoch nicht zum primären Untersuchungsgegenstand dieser Arbeit. Ich befasse mich in der vorliegenden Arbeit interessehalber mit der systemischen Präventionstheorie von Martin Hafen und grenze mich von anderen Modellen, wie etwa das von Gerald Caplan entwickelte Modell ab. Die unterschiedlichen Präventionsarten, welche im Zusammenhang des Zeitpunkts einer Intervention unterteilt werden, nämlich in Primär-, Sekundär- und Tertiärprävention (Caplan, 1964; zit. in Franz Ziegler, 2005, S. 15) werden nicht betrachtet.

Da sich diese Bachelor-Arbeit auf leichte Körperstrafen an kleinen Kindern zwischen 0 bis 5 Jahren bezieht, werden neben Sozialarbeitende, Sozialpädagogen- und Pädagoginnen, Soziokulturelle Animateure- und Animateurinnen auch andere Berufsgruppen, wie Kleinkinderzieher-/innen, Hebammen, Entbindungshelfer, Heilpädagogen und Heilpädagoginnen, Pflegekräfte und Ärzte-/innen, Väter- und Mütterberater-/innen sowie andere Berufsgruppen, die mit Familien mit kleinen Kindern in Berührung kommen, angesprochen. Organisationen, wie beispielsweise Kindergärten, Kindertagesstätten, Schulen, Sozialdienste, Kinderheime, Beratungsstellen, Arztpraxen oder Spitäler zählen zu den Orten, welche in dieser Arbeit eine wichtige Rolle spielen, weil sie

Schnittstellen für Professionelle der Sozialen Arbeit bilden. Bewusst wird darum auf die Nennung spezifischer Organisationen verzichtet. Dadurch soll deutlich werden, dass Soziale Arbeit als Profession sich sowohl mit institutionellen Fragen auseinandersetzt, sich aber auch mit anderen Berufsfeldern vernetzt und Informationen austauscht (vgl. Kap. 7.2).

1.5.   Aufbau der Arbeit

Die Arbeit ist in neun Hauptkapitel gegliedert, die jeweils abschliessend kurz zusammengefasst werden. Im **Kapitel 2** werden Begrifflichkeiten geklärt, um eine einheitliche Verständnisgrundlage zu schaffen und um die Schwelle von leichten zu schweren Körperstrafen in der Kindererziehung zu definieren. Anschliessend wird das Ausmass von leichten Körperstrafen an Kindern in der Schweiz erläutert, woraufhin Folgen dieser dargelegt werden. Die abgeleiteten Folgen dienen als Grundlage, worauf die Notwendigkeit präventiver Massnahmen aufgebaut wird. *Kapitel 2 dient dazu, die erste und zweite Detailfrage zu beantworten.* Im **3. Kapitel** werden die rechtlichen Rahmenbedingungen in der Schweiz bezüglich leichter Körperstrafen differenziert betrachtet. *Kapitel 3 dient dazu, die zweite Detailfrage zu beantworten.* **Kapitel 4** geht auf Einflussfaktoren ein, welche bezüglich der Entstehung und Prävention von leichten Körperstrafen in der Kindererziehung wichtig sind. *Kapitel 4 dient dazu, den ersten Teil der vierten Detailfrage (Einflussfaktoren) zu beantworten.*

Kapitel 5 widmet sich der systemischen Präventionstheorie nach Hafen. Nachdem relevante Begriffe, welche dieser Arbeit zugrunde liegen, erklärt werden, setze ich mich bezüglich des Themas leichte Körperstrafen in der Kindererziehung vertiefter mit der systemischen Präventionstheorie auseinander. Diese Vertiefung dient dazu, die in Kapitel 7 untersuchten Interventionsbemühungen der Sozialen Arbeit mithilfe der systemischen Präventionstheorie zu erklären. Im **Kapitel 6** gilt es zu klären, wie Anzeichen von leichten Körperstrafen, vom ausserfamiliären Umfeld früh erkannt werden können. *Kapitel 6 beantwortet den zweiten Teil der vierten Detailfrage (Anzeichen).*

Im **Kapitel 7** wird die Prävention und Früherkennung in der Sozialen Arbeit betrachtet. Zunächst liegt der Fokus auf der aktuellen Situation bezüglich Prävention und Früherkennung bei leichten Körperstrafen in der Kindererziehung in der Schweiz. Beispiele von vorhandenen Programmen und Projekten, welche sich direkt an Familien wenden, werden präsentiert. Anschliessend werden Empfehlungen aus dem aktuellen Forschungsstand hergeleitet. Aufgabenfelder der Professionellen in der Sozialen Arbeit werden anschliessend benannt und erläutert. Massnahmen von Prävention und Früherkennung in der Sozialen Arbeit werden daraufhin betrachtet. Im **Kapitel 8** werden die *Fragestellungen beantwortet* und Erkenntnisse, Schlussfolgerungen und ausgewählte Handlungsmöglichkeiten für die Praxis der Sozialen Arbeit hergeleitet. Ein persönliches Fazit und ein Ausblick bilden im **Kapitel 9** den Abschluss dieser Bachelor-Arbeit.

2. Leichte Körperstrafen in der Kindererziehung

Möchte man sich mit der Thematik, was leichte Körperstrafen in der Kindererziehung bedeutet, näher befassen, muss zunächst erklärt werden, was unter leichten Körperstrafen verstanden wird. Zuerst werden die Begrifflichkeiten Erziehung im familiären Kontext, Züchtigung und Strafe definiert. Danach folgt die Unterscheidung gelegentlicher Klaps und regelmässiges Schlagen. Daraufhin wird das Kindeswohl, dessen Gefährdung und Folgen von leichten Körperstrafen erläutert. Das Ausmass von leichten Körperstrafen rundet dieses Kapitel ab.

2.1. Erziehung im familiären Kontext

Der Begriff *Erziehung* stammt laut Duden (2016) von *ahd. Irziohan* ab, was herausziehen bedeutet. Gemeint ist damit das Herausziehen respektive die Förderung und Bildung des Charakters und Geistes eines Kindes[4]. Im Wörterbuch der Sozialen Arbeit beschreiben Dieter Kreft und Ingrid Mielenz (2013) Erziehung als Handlungen zwischen Erwachsenen und Kindern mit dem Ziel, dass Kinder angemessen und kompetent am gesellschaftlichen Leben teilhaben können. Der Mensch wird nicht durch das Reifen, sondern durch angeleitetes Lernen erwachsen (S. 262). Klaus Hurrelmann (1994) definiert Erziehung als „die soziale Interaktion zwischen Menschen, bei der ein Erwachsener planvoll und zielgerichtet versucht, bei einem Kind unter Berücksichtigung der Bedürfnisse und der persönlichen Eigenart des Kindes erwünschtes Verhalten zu entfalten oder zu stärken" (S. 13).

Seit langem, weisen laut Hafen (2014a) verschiedene entwicklungsorientierte Ansätze auf die Bedeutung der ersten Lebensjahre eines Kindes hin. Der Autor

---

4 Ein Kind ist jeder Mensch, der das achtzehnte Lebensjahr noch nicht vollendet hat (Art. 1 UN-KRK; Art. 14 ZGB).

nennt unter anderen Beispielen[5] das Stufenmodell der Entwicklung nach Erik Erikson (S. 19). Erikson unterscheidet acht Phasen im Lebenszyklus. In diesem Zusammenhang möchte ich insbesondere auf die ersten drei Stufen hinweisen. Während der ersten Phase (Säuglingsalter) wird durch das Urvertrauen der erste Ansatz zukünftiger Ich-Stärke geformt, welcher Erikson *Hoffnung* nennt. Während der zweiten Phase (Kleinkindalter) entscheidet sich, ob sich die Grundstärke des Kindes zur *Autonomie* oder zu einem Gefühl von *Zweifel* und *Scham* entwickelt. Während der dritten Phase (Spielalter) kommt es zu einem Konflikt zwischen *kulturell zugelassenen Befriedigungen* und den *eigenen Bedürfnissen*. Die Grundstärke, welche sich in dieser Phase im Kind ausbildet, ist die *Zielstrebigkeit* (Erikson, 1950; zit. in Heinz Abels & Alexandra König, 2016, S. 97).

Inge Seiffge-Krenke (2009) definiert *Familie* als „die Gemeinschaft von Eltern und Kinder mit hoher Intimität und Exklusivität der Beziehungen und einem Spannungsfeld zwischen den Generationen" (S. 152). Insbesondere für kleine Kinder gilt die Familie als bedeutsamster Lebens- und Entwicklungsort (Corina Wustmann Seiler & Heidi Simoni, 2012, S. 5).

2.2.   Züchtigung und Strafe

Den Kinderpsychologen Günther Deegener und Wilhelm Körner (2008) zufolge fielen in Deutschland, zu früheren Zeiten[6] Körperstrafen in der Kindererziehung in den Bereich erlaubter *Züchtigung.* Dazu gehörte etwa der Klaps auf den Hintern oder Arm, leichte Ohrfeigen oder Schläge mit einem Stock auf den Hintern. Sie hinterlassen Rötungen und Striemen auf der Haut, jedoch keine

---

5 Phasenmodell nach Sigmund Freud (ohne Datum), Resilienzforschung nach Emmy Werner (1957), Theorie des sozialen Lernens nach Albert Bandura (1979), Bindungstheorie nach Edward John Mostyn Bowlby (1951), ökologische Ansatz nach Uri Bronfenbrenner (1981), (zit. in Hafen, 2014, S. 19)
6 Bevor das „Gesetz zur Ächtung von Gewalt in der Erziehung" am 2. November 2000 in Deutschland eingeführt wurde.

Verletzungen. Diese Arten von leichten Körperstrafen treten meistens situationsgebunden und vorübergehend auf. Körperstrafen dieser Arten werden von den Autoren als unangemessene Anwendung einer Erziehungsmethode beschrieben, welche unter anderem von der Bildung und der Kultur beeinflusst wird (S. 326). Der Jurist Patrick Fassbind (2007) versteht unter Züchtigung im weiteren Sinne Zwangsausübungen, die ein Kind vergeltend oder vorbeugend zu einem erzieherisch erwünschten Verhalten zu bestimmen versucht. Im engeren Sinne umfasst Züchtigung alle körperlichen und seelischen Bestrafungen, welche einer Körperstrafe mindestens gleichkommen (S. 2).

Gemäss dem Pädagogen Albert Reble (1980) wirken sich *Strafen* negativ auf den Menschen aus. Dadurch werden ihm entweder Motive einer Handlung oder seine ganze Haltung aberkannt. Er präzisiert: „Etwas, was in ihm ist, soll nicht sein, wird angerechnet und verurteilt, soll gesühnt und geändert werden" (S. 10). Magrit Delius (1998) lässt der „Schlag ins Gesicht" an die asiatische Vorstellung von „Gesicht verlieren" denken, wobei ein geohrfeigtes Gesicht in diesem Sinne ein verlorenes ist. Ein Kind, braucht aber nichts dringenderes, als ein Selbstbild mit Gesicht, mit eigenem Charakter und die Möglichkeit ein stabiles Selbstwertgefühl zu entwickeln (S. 51). Nach Erikson (1966) drückt sich Scham schon sehr früh aus, indem man am liebsten im Boden versinken oder sein Gesicht verstecken möchte. Er ist der Meinung, wer sich schämt, glaubt beobachtet zu werden und ist dadurch befangen und unsicher. Dieses Gefühl wird in primitiven Erziehungssystemen ausgenutzt und damit im Kind die Basis für zerstörerische Schuldgefühle gelegt (S. 79).

2.3. Gelegentlicher Klaps – regelmässiges Schlagen

Bei der Gewichtung der Bedeutung von Strafen in der Kindererziehung ist es zufolge dem Psychologen und Therapeuten Richard Walters wichtig, dass nicht nur allgemein nach körperlichen und nicht-körperlichen Strafen unterschieden wird, sondern genauer untersucht wird, in welchem Zusammenhang diese Strafen zueinanderstehen (Walters, 1972; zit. in Martin Herbert, 1991, S. 83). Ergänzend dazu führt Herbert (1991) aus, dass es sich bei den meisten „Klapsen" um eine Art scharfen, kurzen Schock handelt, welcher eine milde Form einer Konditionierung gleichkommt und unglücklicherweise leicht zur Gewohnheit wird. Einigen Eltern fehlen die Selbstkontrolle und das nötige kritische Urteil. Sie machen sich nicht klar, dass ein Schlag auf den Kopf eines Kindes gefährlich und manchmal gesundheitlich fatal sein kann (S. 84).

Gemäss dem Psychologen Allan Fromme entfacht das regelmässige Schlagen den Hass des Kindes auf die Eltern. Zudem wird im Kind ein prinzipienloser Gehorsam erzeugt, welcher an die Stelle des Akzeptierens und Verständnisses ethischer Normen tritt. Die Eltern geben dem Kind, indem sie ihrem Ärger freien Lauf lassen, einerseits ein negatives Beispiel. Andererseits prägen Schläge das unerwünschte Verhalten häufig noch viel mehr, als es zu verhindern. Die Anwendung von Körperstrafen ist für Fromme die primitivste und einfallsloseste unter allen Erziehungsmethoden und darum grundsätzlich abzulehnen (Fromme, 1960; zit. in Herbert, 1991, S. 85). Auch Reble (1980) ist der Auffassung, dass Körperstrafen im Kind das Unterlegenheitsgefühl verschärft und es so auf schmerzhafte Weise erlebt, wie es den Eltern ausgeliefert ist. Bei den Eltern kann sich die Gefahr bilden, dass sie im Affekt unbeherrscht handeln und es dadurch zur Vergrösserung von Grobheit und Erregung kommt (S. 20).

2.4. Kindeswohl und dessen Gefährdung

Aus den vorhergehenden Ausführungen stellt sich im Weiteren die Frage, ob leichte Körperstrafen mit dem Kindeswohl vereinbar sind. Hierzu wird untersucht, was unter Kindeswohl aus psychologischer, soziologischer und rechtlicher Perspektive verstanden wird.

Der Gerichtspsychologe Harry Dettenborn (2010) versteht unter *Kindeswohl*, wenn ein günstiges Verhältnis zwischen den Lebensbedingungen und den Bedürfnissen eines Kindes besteht. Für ihn treten kindliche Bedürfnisse als Messgrössen auf und die Lebensbedingungen als veränderliche Ausgangslage (S. 48-51). Auch der Soziologe Jörg Maywald (2009) erachtet die kindlichen Bedürfnisse als zentral, wobei er seine Definition durch die Grundrechte erweitert (S. 18). Für Jörg Maywald (2012) ist der Begriff des Kindeswohls daher so auszulegen, dass er mit den Rechten in der UN-Kinderrechtskonvention (nachfolgend UN-KRK) in Einklang steht und die Befriedigung von Grundbedürfnissen garantiert (S. 104).

Die kindlichen Bedürfnisse sind laut Maywald (2012) folgende:

- Das Bedürfnis nach beständigen liebevollen Beziehungen,

- das Bedürfnis nach körperlicher Unversehrtheit und Sicherheit,

- das Bedürfnis nach individuellen Erfahrungen,

- das Bedürfnis nach entwicklungsgerechten Erfahrungen,

- das Bedürfnis nach Grenzen und Strukturen,

- das Bedürfnis nach stabilen und unterstützenden Gemeinschaften,

- das Bedürfnis nach einer sicheren Zukunft für die Menschheit (S. 100-103).

Für das Thema leichte Körperstrafen interessieren hier insbesondere die Grundbedürfnisse nach Sicherheit und körperlicher Unversehrtheit. Maywald (2009) führt aus, dass Gewalt in jeder Form als Erziehungsmittel tabu ist. Seiner Ansicht nach sind körperliche Bestrafungen, seelische Verletzungen und andere entwürdigenden Handlungen gerade durch die Menschen, welche dem Kind nahestehen, mit nachhaltigen Schäden für den Körper und die Seele des Kindes verbunden (S. 19). Gemäss Daniel Rosch und Andrea Hauri (2016) ist der Begriff Kindeswohl ein unbestimmter Rechtsbegriff und darum ein Ermessensbegriff. Sie ergänzen, dass der Begriff Kindeswohl meistens das körperliche, sittliche, geistige und psychische Wohl des Kindes für eine gedeihliche und förderliche Entwicklung umschreibt und sich aus objektiven und subjektiven Bedürfnissen zusammensetzt (S. 412-413).

Patrick Fassbind (ohne Datum) akzentuiert: „Kindeswohl: Betrifft alle Facetten der kindlichen Lebenswirklichkeit" (S. 29). Abbildung 1 zeigt diese auf.

Abbildung 1: Kindeswohl (Fassbind, ohne Datum, S. 29).

Für Cyril Hegnauer liegt eine *Kindeswohlgefährdung* dann vor, „sobald nach den Umständen die ernstliche Möglichkeit einer Beeinträchtigung des körperlichen, sittlichen oder geistigen Wohls des Kindes vorauszusehen ist. Nicht erforderlich ist, dass diese Möglichkeit sich schon verwirklicht hat". (Hegnauer, 1999; zit. in Rosch & Hauri, 2016, S. 415)

2.5.   Ausmass von leichten Körperstrafen

Da leichte Körperstrafen kaum erfasst werden, liegen demzufolge auch keine neuen Daten über das Ausmass in der Schweiz vor. Im Auftrag des Bundesamts für Sozialversicherungen (BSV) wurde aber zwischen 1990 und 2004 eine Vergleichsanalyse des Bestrafungsverhalten von Erziehungsberechtigten von der Universität Fribourg durchgeführt. Sie gibt einen Aufschluss darüber, wie Körperstrafen in der Kindererziehung von Eltern umgesetzt und betrachtet werden (Schöbi & Perrez, 2004, S. 4).

Es wurden gemäss Schöbi und Perrez (2004) gesamthaft 1'240 Eltern in der deutsch- und französischen Schweiz befragt (S. 7). Die Abbildung 2 zeigt, dass auf die gesamte Gruppe der 0 bis 2,5-jährigen 0,9% der Kinder manchmal bis sehr häufig mit Gegenständen geschlagen werden, 6,9% der Kinder manchmal bis sehr häufig Ohrfeigen erhalten und 18,4% der Kinder manchmal bis sehr häufig mit Schlägen auf den Hintern bestraft werden (S. 18).

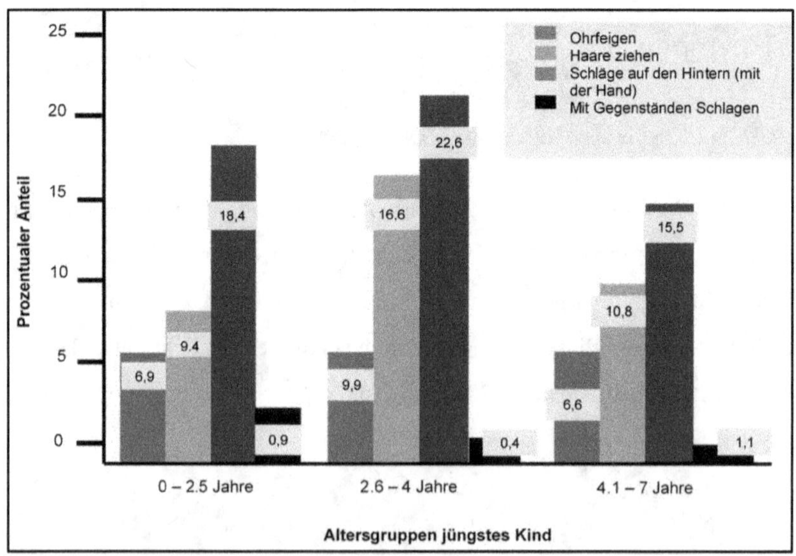

Abbildung 2: Prozentualer Anteil der Eltern, die ihre jüngsten Kinder manchmal bis sehr häufig körperlich bestrafen nach Alterskategorien der bestraften Kinder 2004 (modifiziert, in Anlehnung an Schöbi & Perrez, 2004, S. 17).

Der für diese Verhaltensweisen bei weitem am häufigste genannte Grund der Eltern ist laut Schöbi und Perrez (2004) Ungehorsam (S. 28). Von den körperlichen Strafmassnahmen (Haare ziehen, Schläge auf den Hintern, mit der Hand, sonstige Schläge, Ohrfeigen) sind vor allem die jüngsten Kinder von 0 bis 4 Jahren betroffen (S. 15) und Jungen etwas häufiger als Mädchen (S. 37). Der Anteil der Eltern, welche angaben, dass sie ihre Kinder nie körperlich bestraft haben, stieg von 13,2% im Jahre 1990 auf 26,4% im Jahre 2004 (S. 18).

Schöbi und Perrez (2004) ergänzen, dass eine gewisse Sensibilisierung im Bereich des Bestrafungsverhaltens stattgefunden hat. Die Anzahl der Eltern, welche von der leichten Körperstrafe kaum Gebrauch machen, hat sich im Vergleich zur ersten Studie verdoppelt. Die Autoren stellen gleichwohl fest, dass es auch 15 Jahre nach der ersten Studie gravierende Hinweise auf Tatsachen gibt, welche weitere Präventionsmassnahmen im Bereich leichter Körperstrafen in der Kindererziehung dringend erforderlich machen. Vor allem könne von Kindern zwischen 0 und 2,5 Jahren aus entwicklungspsychologischen Gründen kein absoluter Gehorsam erwartet werden. Körperstrafen verletzen die physische und psychische Integrität der Kinder. Für die Autoren ist darum klar: „Je jünger die Kinder sind, umso verletzbarer sind sie" (S. 42).

Laut Kai-Detlef Bussmann, Claudia Erthal und Andreas Schroth (2009) haben achtzehn europäische Staaten ein Körperstrafenverbot an Kinder verankert (S. 11). Darunter ist Schweden eines, welches das Verbot von Körperstrafen an Kinder durch die Eltern bereits im Jahre 1979 gesetzlich einführte (Bussmann et al., 2009, S. 5). Nach Åke Werner Edfeldt hat Schweden positive Erfahrungen damit gemacht (Edfeldt, 1996; zit. in Kai-Detlef Bussmann, 2005, S. 243). Gemäss Bussmann et al. (2009) führen verschiedene internationale Studien an, dass dieses schwedische Körperstrafenverbot die Reduktion von Gewalt gegen Kinder in der Erziehung unterstützt und einen entscheidenden Einfluss auf die

Einstellung und das Verhalten von Eltern bewirkt[7]. Andere Studien berichten hingegen, dass auch in Ländern, in denen kein Körperstrafenverbot im Gesetz verankert ist, die Gewalt gegenüber Kindern bemerkenswert zurückging. Sie schreiben dies einem allgemeinen gesellschaftlichen Einstellungs- und Wertewandel zu[8] (S. 11-12).

Am 2. November 2000 wurde das „Gesetz zur Ächtung von Gewalt in der Erziehung" in Deutschland eingeführt (Paragraph § 1631 BGB, Abschnitt 2). Bussmann (2005) ermittelte anhand eines europäischen Ländervergleichs[9] die Auswirkungen des gesetzlichen Gewaltverbotes in der Erziehung (S. 3). Darin zeigt sich, dass eine gewaltfreie Erziehung für 90% der Eltern ein Ideal darstellt. Der Anteil der Eltern, die in Zukunft nicht auf Gewalt verzichten möchten, lag bei 12,6%. Besonders betont der Autor, dass auch jene Eltern, welche ihre Kinder öfter als andere Eltern körperlich bestrafen, eine gewaltfreie Erziehung befürworten. 74% der gewaltbelasteten Eltern streben eine gewaltfreie Erziehung an (ebd.). Kai Detlef Bussmann stellt insgesamt fest, dass Körperstrafen inzwischen als unzeitgemäss gelten. Als Ideal für die Kindererziehung wird sowohl von den Familien als auch von der Gesellschaft eindeutig Gewaltfreiheit erachtet (Bussmann, 2005; zit. in Deegener & Körner, 2008, S. 250).

2.6. Folgen von leichten Körperstrafen

Der Psychiater Moggi stellt fest, dass verschiedene Studien zwischen kurz- und langfristigen Folgen unterscheiden (Moggi, 2005; zit. in Hong, 2016, S. 115). Nach Heinz Kindler, Susanna Lillig, Herbert Blüml, Thomas Meysen und Annegret Werner wurde jedoch bisher nicht erfasst, wie viele Kinder mit welchen

---

7 Vgl. dazu Joan E. Durrant, (1999), Åke Werner Edfeldt (1996), (zit. in Bussmann et al., 2009, S. 11-12).

8 Vgl. dazu Chris Beckett (2005); Robert E. Larzelere (2005); Julian Roberts (2000), (zit. in Bussmann et al., 2009, S. 11-12).

9 Ländervergleich (Schweden, Österreich, Spanien, Frankreich, Deutschland) 5.000 Eltern – je Land 1.000 (Bussmann et al., 2009, S. 13-14).

Folgen von Gewalt durch die Eltern betroffen sind (Kindler et.al., 2006; zit. in Hong, 2016, S. 116).

Gemäss Moggi können Verletzungen im kognitiv-emotionalen Bereich zu *kurzzeitigen Folgen* führen, wie zu einem niedrigen Selbstwert, Schlafstörungen, Sprachstörungen und allgemeinen Störungen der Gefühlsregulation. Kurzzeitige somatische und psychosomatische Störungen können typische Verletzungen am Körper (z.B. Rötungen, Striemen), psychosomatische Krankheiten, Einkoten oder Bettnässen sein. Störungen des Sozialverhaltens können bei den Kindern kurzzeitig zu sozialer Anpassung, Sachbeschädigung, physische Angriffe oder zu übermässigem Zutrauen zu Fremden führen (Moggi, 2005; zit. in Hong, 2016, S. 116).

Häufige *Langzeitfolgen* können posttraumatische Belastungsstörungen sein, die sich unter anderem durch das Wiedererleben von Erlebnissen der Bestrafungen aus der Kindheit zeigen oder durch bewusste Vermeidung von Situationen, die mit solchen in Verbindung stehen. Auch Angststörungen und Depressionen wie Ängstlichkeit, niedriges Selbstwertgefühl, Unsicherheit, Schuld- und Schamgefühle, negative Selbstwahrnehmung oder Einsamkeitsgefühle können häufige Langzeitfolgen sein. Weitere Langzeitfolgen können Störungen in sozialen Beziehungen sein, welche sich durch Furcht oder Feindseligkeit gegenüber Eltern, Misstrauen und durch die transgenerationale Weitergabe von Körperstrafen zeigen (Moggi, 2005; zit. in Hong, 2016, S. 116).

Gemäss Edelhard Thomas, Ludwig Salgo und Katrin Lack (2015) sind Kleinkinder und Säuglinge in einem hohen Masse von der Fürsorgequalität ihres direkten Umfelds abhängig (S. 15). Wibke Horn (ohne Datum) fügt hinzu, dass sowohl die Schwere und Form einer Gewalthandlung, wie auch die Empfindlichkeit des kindlichen Organismus, das Ausmass einer Schädigung bestimmen können. Etwa kann auch leichtes Schütteln bei einem Säugling zu Hirnverletzungen oder Schläge mit der Hand zu Hämatomen oder Knochenbrüchen führen (S. 140).

Für die Kindheitsforscherin Alice Miller (1983) ist klar, dass jedes Kind auf die Welt kommt, um zu lieben, zu wachsen und seine Gefühle und Bedürfnisse zu äussern. Dafür braucht es die Achtung der Erwachsenen, die es ernst nehmen. Wenn diese Gefühle frustriert werden, indem Eltern ihre Kinder bestrafen und züchtigen, wird die Integrität des Kindes nachhaltig verletzt. Wenn das Kind seine erlebten Verletzungen unterdrückt, verdrängt es die Erinnerungen und weiss später nicht mehr, was ihm angetan wurde. Gefühle wie Zorn, Ohnmacht und Verzweiflung werden von ihrem eigentlichen Ursprung abgespaltet und drücken sich im Erwachsenenalter in Form von zerstörerischen Akten aus, wie etwa in kriminellen Handlungen oder richten sich gegen sich selbst, wie zum Beispiel mit Drogensucht oder sie drücken sich in psychischen Krankheiten aus (S. 211).

2.7.   Das Wichtigste in Kürze

Im Begriff Züchtigung ist der erzieherische Aspekt enthalten. Es ist wichtig, zu wissen, auf welchem Hintergrund eine Körperstrafe erfolgt, wie sie definiert und in ihrer Wirkungsstärke beurteilt wird. Unter Kindeswohl, wird verstanden, wenn ein günstiges Verhältnis zwischen den Bedürfnissen eines Kindes und den Lebensbedingungen besteht. Es wurde vorgeschlagen das Kindeswohl mithilfe kindlicher Grundbedürfnisse zu definieren. Ferner wurde beschrieben, dass die jüngsten Kinder, von 0 bis 4 Jahren, am meisten von leichten Körperstrafen betroffen waren, wobei Ungehorsam als häufigster Grund genannt wurde. Es hat zwar eine Sensibilisierung im Bereich des Bestrafungsverhaltens stattgefunden, dennoch sind Präventionsmassnahmen weiterhin notwendig. Leichte Körperstrafen können Kurz- und / oder Langzeitfolgen haben. Sie hinterlassen meistens keine körperlichen Verletzungen, doch sie werden von vielen Fachpersonen als unangemessene Anwendung einer Erziehungsmethode verstanden, welche die kindliche Seele verletzen.

3. Rechtliche Grundlagen

Dieses Kapitel gibt Aufschluss über die gesetzlichen Grundlagen bezüglich leichter Körperstrafen in der Kindererziehung. Zunächst werden leichte Körperstrafen als Erziehungsmittel im Strafrecht und anschliessend im Zivilrecht eingeordnet. Daraufhin wird die Schutzpflicht des Staates erklärt.

3.1. Einordnung leichter Körperstrafen im Strafrecht

Der strafrechtliche Kindesschutz ist laut Rosch und Hauri (2016) primär dafür zuständig, Kinder mittels Strafrecht zu schützen. Konzeptuell gesehen ist das Strafrecht täter/-innenorientiert und kommt dann zum Einsatz, wenn ein Delikt begangen wurde. Die Autorin und der Autor betonen, dass dieses Gesetz eher repressiv statt präventiv sei. Grundsätzlich wird zwischen dem Jugend- und Erwachsenenstrafrecht unterschieden. Der strafrechtliche Kindesschutz befasst sich mit gefährdenden und gefährdeten Kindern (S. 407-408). Straftatbestände des Erwachsenenstrafrechts sind körperliche (Art. 111 ff., Art. 122 ff. StGB) und psychische Misshandlungen (Art. 180 ff. StGB).

3.1.1. Einfache und wiederholte Tätlichkeiten

Das Schlagen ohne Verletzungsfolge wird im Strafrecht als Tätlichkeit behandelt, welches unter Art. 126 im Strafgesetzbuch unter „Besondere Bestimmungen" (zweites Buch), „Strafbare Handlungen gegen Leib und Leben" (erster Titel), „Körperverletzung" (dritte Abteilung), „Tätlichkeiten" (fünfter Teil) geregelt wird. Abbildung 3 veranschaulicht die Einordnung anhand der rot umrandeten Kästchen.

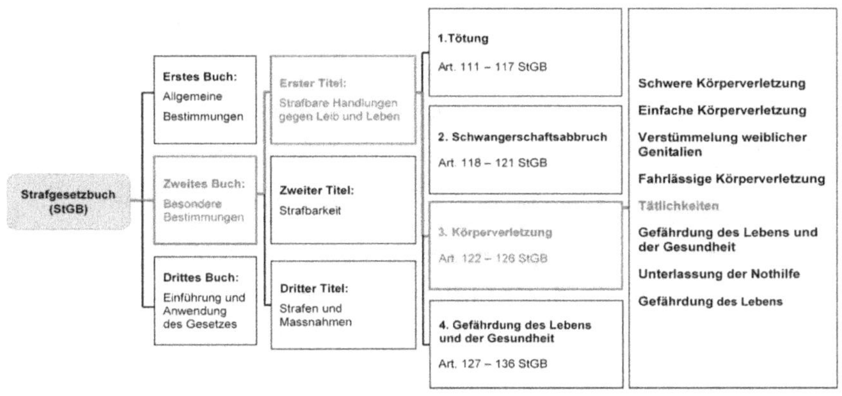

Abbildung 3: Verortung der Tätlichkeiten im StGB (eigene Darstellung).

Art. 126 Abs. 1 StGB besagt, dass nicht wiederholte Tätlichkeiten an Kindern nur auf Antrag geahndet werden. Eine Ohrfeige beispielsweise erfüllt nach bundesgerichtlicher Rechtsprechung lediglich den Tatbestand einer Tätlichkeit (BGE 117 V 14 E. 2 ff., S. 16). Bei Tätlichkeiten sieht das Gesetz vor, dass von Amtes wegen eingeschritten wird, wenn sie wiederholt begangen wird (Art. 126 Abs. 2 lit. a StGB).

Gemäss BGE 117 IV 14 E. 2 ff. vom 12. Dezember 2011 werden körperliche Bestrafung im häuslichen Umfeld nicht als physische Gewalt bewertet. Demnach gelten drei leichte Tätlichkeiten im Zeitraum von zwei Jahren noch nicht als wiederholte Begehung, „wenn die ein gewisses von der Gesellschaft akzeptiertes Mass nicht überschreitet und nicht allzu häufig wiederholt wird" (S. 16). Eine Tätlichkeit ist dann gegeben, wenn eine Handlung an einer Person physisch schmerzt[10]. Das Gericht schweigt sich aber darüber aus, welches Mindestmass ein Eingriff in die körperliche Integrität eines Menschen erreichen muss, damit es nach Art. 126 StGB als strafwürdig betrachtet wird.

---

10 „fait quelque mal" vgl. auch BGE 107 IV 42; BGE 89 IV 73; BGE 69 IV 4

Zu erwähnen ist an dieser Stelle auch der Tatbestand der Verletzung der Fürsorge- oder Erziehungspflicht gemäss Art. 219 StGB. Er deckt alle Formen von Misshandlungen ab (physische psychische, sexuelle Misshandlungen, Vernachlässigungen). Für Eltern ergibt sich eine Erziehungs- und Fürsorgepflicht für ihre Kinder aus Art. 296 StGB i. V. m. Art. 301 ff. ZGB. Eine Pflichtverletzung nach Art. 219 StGB ist aber nur dann strafbar, wenn dadurch eine körperliche oder seelische Beeinträchtigung der Entwicklung des Kindes herbeigeführt wird. Die Staatsanwältin Barbara Loppacher (2015) erkennt im Art. 219 StGB eine Problematik des Tatbestandes, weil solche Gefährdungen nur schwierig festzustellen und zu definieren sind (S. 56).

3.1.2.   *Durchsetzung und Sanktionen*

Unabhängig vom Opfer oder der Beziehung zwischen Opfer und Täter/-in, sieht das Strafgesetzbuch für jeden Straftatbestand eine Strafandrohung vor. Es handelt sich dabei um Freiheitsstrafe (Art. 40 StGB), Geldstrafe (Art. 34 StGB) oder eine Busse (Art. 106 StGB). Auch besteht die Möglichkeit, anstelle der genannten Strafen gemeinnützige Arbeit anzuordnen (Art. 37 StGB). Der Vollzug dieser Strafen kann (ausser bei der Busse) unter Ansetzung einer Probezeit aufgeschoben werden, wenn die entsprechenden Voraussetzungen gegeben sind (Art. 42 Abs. 1 StGB). In diesem Fall besteht die Möglichkeit, mit der Strafe eine Weisung zu verbinden. Diese kann nach Art. 44 Abs. 2 StGB relativ frei ausgestaltet werden. Ein Täter oder eine Täterin kann so etwa verpflichtet werden, einen Erziehungs- oder Gewaltkurs zu besuchen. Es kann aber auch eine therapeutische Massnahme angeordnet werden (Art. 56 ff. StGB).

Wenn ein Kind das Opfer eines Elternteils ist, ist es zufolge Loppacher (2015) sehr schwierig eine passende Strafe festzulegen: Wenn eine Verurteilung mit Freiheitsstrafe ausgesprochen wird, wird der Elternteil dem Kind für eine Zeit lang entzogen. Bei einer Geldstrafe fehlt das Geld in der Familienkasse. Wird gemeinnützige Arbeit verhängt, fehlt die Mutter oder der Vater auch für eine bestimmte Zeit zu Hause. Ganz gleich, welche strafrechtliche Entscheidung gefällt wird, das Kind ist als Opfer von jeder Strafe mitbetroffen. Die Autorin ergänzt, dass Eltern unter Umständen auch sehr wütend auf das Kind werden, da sie die Verantwortung für die Strafe dem Kind zuschreiben (S. 60). Loppacher (2015) führt aus, dass die Staatsanwaltschaft normalerweise nicht mit Kinderbelangen vertraut ist. Sie ist darum eher wenig geeignet die kindlichen Bedürfnisse richtig einzuschätzen. Es geht ihr in erster Linie darum, eine dem Tatbestand adäquate Bestrafung zu finden. Weitere Massnahmen sind nur dann strafrechtlich angezeigt, wenn bei der Täterin oder beim Täter ein Behandlungsbedürfnis besteht und er oder sie weitere Straftaten begehen könnte (Art. 56 StGB). Es drängt sich für die Staatsanwaltschaft darum eine enge Zusammenarbeit mit anderen Fachstellen auf, wie zum Beispiel mit der Kindes- und Erwachsenenschutz Behörde (nachfolgend KESB) und Kinderschutzgruppen (Loppacher, 2015, S. 63).

3.2.   Einordnung leichter Körperstrafen im Zivilrecht

Relevant für das Thema leichte Körperstrafen sind die Bestimmungen in Art. 301 bis Art. 317, welche im ZGB im „Familienrecht" (zweiter Teil), unter „Verwandtschaft" (zweite Abteilung), den „Wirkungen des Kindsverhältnisses" (achter Titel), und der „elterlichen Sorge" (dritter Abschnitt) geregelt werden, wie Abbildung 4 anhand der rot umrandeten Kästchen veranschaulicht.

Abbildung 4: Verortung der elterlichen Sorge im ZGB (eigene Darstellung).

3.2.1. Leichte Körperstrafen im Rahmen der elterlichen Sorge

Aus der elterlichen Sorge (Art. 296 ZGB) kommt Eltern ein Erziehungsrecht zu. Die elterliche Sorge ist eine Pflicht, welche Eltern nicht von sich weisen können. Art. 301 Abs. 1 ZGB (B. Inhalt, I. Im Allgemeinen), hält fest, dass Eltern unter Beachtung des Kindeswohls die notwendigen Entscheidungen für das Kind zu treffen haben. Art. 302 Abs. 1 ZGB (III. Erziehung) umschreibt die Aufgaben bezüglich der Erziehung folgendermassen: „Die Eltern haben das Kind ihren Verhältnissen entsprechend zu erziehen und seine körperliche, geistige und sittliche Entfaltung zu fördern und zu schützen". Im Art. 301 Abs. 2 ZGB wird aber auch deutlich, dass Kinder gegenüber ihren Eltern Gehorsam zu leisten haben, wobei die Eltern ihrem Kind entsprechend seiner Reife auch Freiheit der Lebensgestaltung gewähren und in wichtigen Angelegenheiten – *soweit tunlich* – auf seine Meinung Rücksicht zu nehmen haben. Die genannten Erziehungsnormen werden gemäss Barbara Loppacher (2011) als Generalklauseln verstanden, die Eltern einen weiten Ermessensspielraum bei der Erziehung ihrer Kinder einräumen (S. 32-33).

Ob mit Blick auf eine moderne und dem Kindeswohl entsprechende Erziehung Raum für ein allfälliges Züchtigungsrecht der Eltern bleibt, wird für Oliver Glättli (2013) zunehmend in Frage gestellt. Der Rechtsanwalt betont, dass aufgrund der unbestimmten Rechtsnormen, sowohl im Strafrecht als auch im Zivilrecht, eine erhebliche Rechtsunsicherheit besteht.

3.2.2. *Erziehungsrecht als Rechtfertigungsgrund für leichte Körperstrafen?*

Wenn das Züchtigungsrecht der Eltern zivilrechtlich erlaubt wäre, wäre ihr Handeln auch gerechtfertigt. Die Rechtfertigung ist in jedem Fall aber ausgeschlossen bei wiederholten Tätlichkeiten im Sinne von Art. 126 Abs. 2 lit. a StGB (BGE 129 IV 216 E. 2 und 3, S. 216 ff.[11]).

Gestützt auf Art. 296 ZGB kommt Eltern gegenüber ihren Kindern ein Erziehungsrecht zu. Der Umfang dieses Rechts wird in Art. 301 bis 303 ZGB konkretisiert, woraus Eltern ein grosser Ermessensspielraum zukommt. Bestimmte Handlungen, die unter Umständen einen Straftatbestand in subjektiver und objektiver Art erfüllen, können gemäss Loppacher (2015) das elterliche Erziehungsrecht rechtfertigen. In der gerichtlichen Praxis wird das elterliche Erziehungsrecht vor allem im Zusammenhang mit körperlichen Züchtigungen betrachtet. Es geht dabei konkret um die Frage, ob Eltern ihrem Kind eine Ohrfeige geben dürfen oder nicht. Die Meinungen gehen auseinander. Ein Teil der strafrechtlichen Lehre hält ein körperliches Züchtigungsrecht zu Erziehungszwecken für zulässig, wenn die Intensität einer Tätlichkeit gemäss Art. 126 StGB nicht überstiegen wird. Neuere Meinungen lehnen ein körperliches Züchtigungsrecht generell ab, da es sich mit dem Kindeswohl nicht vereinbaren lässt (S. 57-58).

---

11 „Der Täter, der die Kinder seiner Freundin im Zeitraum von drei Jahren etwa zehn Mal schlägt und sie regelmässig an den Ohren zieht, begeht wiederholt Tätlichkeiten im Sinne von Art. 126 Abs. 2 StGB und überschreitet damit die Grenze eines allfälligen Züchtigungsrechts".

Früher wurde das Züchtigungsrecht explizit im ZGB genannt. So lautete Art. 278 ZGB von 1907: „Die Eltern sind befugt, die zur Erziehung der Kinder nötigen Züchtigungsmittel anzuwenden". Dieses Gesetz wurde 1976 formell durch die Kindesrechtsrevision aus dem ZGB gestrichen (Nadine Ryser Büschi, 2012, S. 12-13). Der Bundesrat vertritt in seiner Botschaft zur Revision von 1978, BBl II vom 5. Juni 1974, SR 12 03, folgende Auffassung: „In der elterlichen Gewalt ist auch die Befugnis zur Züchtigung des Kindes enthalten, soweit dies zu seiner Erziehung nötig ist. Indessen bedarf diese Befugnis keiner ausdrücklichen Erwähnung im Text". (S. 77)

Im Jahre 1985 bestätigt der Bundesrat, dass ein allfälliges Züchtigungsrecht sich bereits aus Art. 302 ZGB ableitet, als es um die Revision von Art. 126 StGB (Tätlichkeiten) und um die Rechtfertigung elterlicher Tätlichkeiten gegen Kinder geht (BBl 1985 II, SR 85.047, S. 1032). Zwar wurde gemäss Ryser Büschi (2012) auf die Nennung des Züchtigungsrechts verzichtet aber nur, weil es in der „elterlichen Gewalt" ohnehin enthalten war. Der Begriff „elterliche Gewalt" wurde 1998 während der Scheidungsrevision durch den Begriff „elterliche Sorge" ersetzt. Der Inhalt des Begriffs jedoch blieb unverändert. Darunter wird auch heute noch die Gesamtheit der elterlichen Rechte und Pflichten bezüglich minderjährigen Kindern verstanden (S. 12-13). Auf die Motion durch die Kommission für Rechtsfragen vom 24. April 1996, NR 96.3176, hält der Bundesrat fest, dass Eltern Körperstrafen anwenden dürfen, wenn „dies zum Wohl des Kindes oder zum Schutz Dritter erforderlich ist, die entsprechende Massnahme verhältnismässig erscheint und keine mildere Erziehungsmassnahme zur Verfügung steht". Eltern bestimmen die Erziehungsmittel, unter Beachtung des Kindeswohls, selber. Das ZGB enthält keine Verpflichtung zur gewaltfreien Erziehung (ebd.).

Zufolge Wyttenbach (2003a) sind nach Rechtsprechung und Lehre, sogenannte leichte körperliche Bestrafungen von Kindern, noch immer zivil- und strafrechtlich zulässig (S. 769). Die strafrechtliche Lehre scheint nach Glättli (2013) ein mildes Recht auf elterliche Züchtigung nach wie vor zu bejahen, auch wenn es tendenziell von der familienrechtlichen Lehre abgelehnt wird. Loppacher (2015) entgegnet, dass sich die neuere zivilrechtliche Lehre deutlich von einem körperlichen Züchtigungsrecht der Eltern distanziert. Es kann auch davon ausgegangen werden, dass ein elterliches Erziehungsrecht im Strafrecht keinen Rechtfertigungsgrund für die körperliche Züchtigung zu bilden vermag (S. 59).

3.2.3. *Zivilrechtliche Kindesschutzmassnahmen*

Wenn Eltern ganz oder teilweise ausserstande sind, den Erziehungsauftrag zu erfüllen, und ist darum das Kindeswohl gefährdet, ergreift die KESB geeignete Massnahmen zum Schutz des Kindes (Art. 307 ff. ZGB). Gemäss Christoph Häfeli (2005) müssen aber zuerst alle Möglichkeiten des freiwilligen Kindesschutzes ausgeschöpft werden, ehe zivilrechtliche Massnahmen angeordnet werden. Demnach gilt das *Subsidiaritätsprinzip* (S. 132). Laut Christoph Häfeli (2013) zählen jene Massnahmen und Beratungseinrichtungen, die sowohl von Kindern als auch von Eltern beansprucht werden können, zum freiwilligen Kindesschutz. In diesem Bereich werden Angebote subsumiert, welche auf freiwilliger Basis helfen, die Bedürfnisse des Kindes, ergänzend zum Elternhaus, sicherzustellen. Der Kindesschutz stellt nicht primär einen Eingriff dar. Er gilt als Leitgedanke, um Misshandlungen vorzubeugen und dadurch eine Beeinträchtigung der kindlichen Entwicklung abzukehren (S. 276). Als Beispiele für den freiwilligen Kindesschutz nennt Häfeli (2013) Sozialdienste, Erziehungsberatungsstellen, Jugend- und Familienberatungsstellen, Schulpsychologische Dienste, Väter- und Mütterberatungsstellen und Kinder- und Jugendpsychiatrien (S. 276). Rosch und Hauri (2016) fügen ärztliche Unterstützungen, Früherkennung und Frühintervention hinzu (S. 406).

Es ist nach Häfeli (2005) irrelevant, ob den Eltern aufgrund ihres Verhaltens ein Vorwurf gemacht werden kann, denn der Eingriff ist verschuldensunabhängig. Kindesschutzmassnahmen sollen die elterliche Verantwortung ergänzen, dies wird als *Komplementarität* bezeichnet. Als ein weiteres Prinzip wird das *Verhältnismässigkeitsprinzip* genannt, was bedeutet, dass ein Eingriff notwendig sein muss, um eine Gefährdung abzuwenden. Auch muss er tauglich sein und er muss dem Grad der Gefährdung entsprechen. Das bedeutet, dass er weder stärker noch geringer sein darf, als notwendig (S. 132). Eine Gefährdung muss darum eindeutig und erheblich sein, ehe sie rechtlich relevant ist (Häfeli, 2013, S. 278). Auch für Gila Schindler (2011) markiert die Kindeswohlgefährdung zum einen die Grenze des Elternrechts und zum andern die Schwelle, die erreicht sein muss, um verbindlich staatliches Handeln einzufordern (S. 31).

Kindesschutzmassnahmen des ZGBs sind folgende:

Art. 307 Abs. 3 ZGB	Ermahnung, Weisung, Erziehungsaufsicht
Art. 308 Abs. 1 ZGB	Erziehungsbeistandschaft mit Rat und Tat
Art. 308 Abs. 2 ZGB	Erziehungsbeistandschaft mit besonderen Befugnissen
Art. 308 Abs. 2 i. V. m. Abs. 3 ZGB	Erziehungsbeistandschaft mit besonderen Befugnissen unter Beschränkung der elterlichen Sorge
Art. 310 ZGB	Entzug Aufenthaltsbestimmungsrecht
Art. 311 f. ZGB	Entzug elterlicher Sorge
Art. 307 Abs. 1 ZGB	weitere geeignete Massnahmen

Obwohl im ZGB noch immer ein ausdrückliches Körperstrafenverbot fehlt, erachtet Fassbind (2007) die neusten Entwicklungen im Kindesrecht (Ratifizierung Art.19 UN-KRK, Einführung des Art. 11 BV, Erneuerung des Begriffs der elterlichen Gewalt in elterliche Sorge) als Höhepunkte (S. 549). Er ist dennoch der Meinung, dass ähnlich wie im deutschen § 1631 BGB, das Recht des Kindes auf Schutz vor Gewalt in Art. 302 ZGB zumindest als Generalprävention genannt werden sollte. Eine konkretere Bestimmung sollte für Fassbind

(2007) aber im Art. 307 Abs. 1 ZGB stehen. Der neue Art. 307 Abs. 1 ZGB könnte für ihn folgendermassen formuliert werden:

> Ist das Wohl des Kindes erheblich gefährdet (. . .) und sorgen die Eltern nicht von sich aus für Abhilfe oder sind sie dazu ausserstande, so trifft die Vormundschaftsbehörde [KESB] die geeigneten Massnahmen. Das Wohl des Kindes ist insbesondere dann erheblich gefährdet, wenn dem Kind körperliche Bestrafungen, seelische Verletzungen oder andere entwürdigende Massnahmen drohen. (S. 553-555)

Für Fassbind (2007) sollte Tätlichkeit mit einer „erheblichen Kindeswohlgefährdung" gleichgesetzt werden, was durch die Verankerung in Art. 307 Abs. 1 ZGB vorgeschlagen wird. Eine sinnvolle Stufenfolge würde für ihn als Reaktion elterlicher Tätlichkeiten wie folgt aussehen:

Würde die KESB von einer einizigen nachweisbar erfolgten Tätlichkeit erfahren, wäre zuerst eine Mahnung (Art. 307 Abs. 3 ZGB) auszusprechen. Diese wäre darum gerechtfertigt, weil sehr wahrscheinlich auch zukünftig zu befürchten wäre, dass die Eltern wieder zu diesem unzulässigen Erziehungsmittel greifen. Wenn die KESB erneut von einer Tätlichkeit Kenntnis nimmt, würde eine Weisung unter Androhung der Strafverfolgung gemäss Art. 292 StGB (Art. 307 Abs. 3) ausgesprochen werden. Beim dritten Vergehen würde die KESB schliesslich eine strafrechtliche Verfolgung nach Art. 126 Abs. 2 lit.a und Art. 292 StGB einleiten. Eine Beistandsperson könnte auch nach Ermessen der KESB gemäss Art. 392 Ziff. 2 ZGB eingesetzt werden.

Diese würde die Umstände würdigen und das Antragsrecht für das Kind wahrnehmen. Insbesondere dann, wenn eine Strafverfolgung ausnahmsweise wegen nicht wiederholter Tätlichkeiten neben den zivilrechtlichen Kindesschutzmassnahmen als angebracht erscheint. Oder wegen in der Vergangenheit liegender, erst jetzt offenbarter wiederholter Tätlichkeiten. Fassbind (2007) erachtet es als sehr unwahrscheinlich, dass die KESB von einer einzelnen Tätlichkeit

Kenntnis erhalten würde. Die KESB könnte aber gemäss ihrem zustehendem Ermessen (Art. 4 ZGB) im Einzelfall auch auf Massnahmen verzichten, wenn die Gefährdung unerheblich ist (S. 554-555).

3.3.   Schutzpflicht des Staates

Gegenüber Kindern hat neben den Eltern auch der Staat eine Schutzpflicht. Diese ergibt sich aus Art. 11 Abs. 1 BV, aus der UN-KRK, der Konvention zum Schutze der Menschenrechte und Grundfreiheiten (EMRK) und dem Internationalen Pakt über bürgerliche und politische Rechte (UNO Pakt II). Zu verstehen sind unter dieser Schutzpflicht gemäss Rosch und Hauri (2016) alle institutionalisierten und gesetzgeberischen Massnahmen. Sie sollen Kinder und Jugendliche in ihrer Entwicklung fördern, sie vor Gefährdungen schützen und die Folgen solcher Gefährdungen mildern oder beheben. Die Umsetzung dieser Verpflichtung findet sich an unterschiedlichen Orten der schweizerischen Gesetzgebung (S. 406). Gemäss Judith Wyttenbach (2003b) wurde in den Menschenrechtsverträgen und in der BV bis ins letzte Drittel des 20. Jahrhunderts der Schutz der Eltern und der Familie vor ungerechtfertigten staatlichen Eingriffen vordergründig betrachtet (S. 40). Heute wird das Recht auf Familienleben so gedeutet, dass der Staat Familien auch im Inneren vor Machtmissbrauch zu schützen hat (Art. 14 BV). Durch diese Veränderung wurden die Rechte der Kinder immer mehr anerkannt, was sich auch in der Verabschiedung der UN-KRK zeigte (Wyttenbach, 2003b, S. 40). Ein besonderer Grundrechtsartikel wird Kindern durch Art. 11 Abs. 1 BV gewidmet, welcher besagt: „Kinder (. . .) haben Anspruch auf besonderen Schutz ihrer Unversehrtheit und auf Förderung ihrer Entwicklung", SR 101.

3.3.1. *UN-Kinderrechtskonvention*

Die UN-KRK wurde inzwischen von 196 Vertragsstaaten ratifiziert und ist für die Schweiz, seit dem 26. März 1997 in Kraft, SR 0.107. Die Schweiz hat sich mit der offiziellen Ratifizierung verpflichtet, das Wohl von Kindern primär zu achten (humanrights, 2016). Gemäss Maywald (2012) werden die Kinderrechte zu den allgemeinen Menschenrechten zugeordnet, auch wenn sie keine verbindlichen Rechte enthält. Die Präambel der UN-KRK unterstreicht die enge Verbindung zwischen dem Wohl der Eltern und dem Wohl des Kindes. Hervorgehoben wird die Erkenntnis, dass Kinder zur harmonischen und vollen Entfaltung der Persönlichkeit in der Familie und umgeben von Liebe, Glück und Verständnis heranwachsen sollen. Gleichwohl ist die Einbindung des Kindes in seiner Familie nicht absolut, denn sowohl von den Eltern als auch von der Gesellschaft und dem Staat kann erwartet werden, dass Kinder im Geiste des Friedens, der Toleranz, der Gleichheit, der Würde und der Solidarität erzogen werden sollten (S. 40). Jene Staaten, welche die UN-KRK ratifiziert haben, sollten nach Art. 3 Abs. 2 UN-KRK den Schutz und die Fürsorge für das Kind, welche zu seinem Wohlergehen nötig sind, gewährleisten. Der Staat hat nach Art. 3 Abs. 3 UN-KRK die Aufgabe, Institutionen, Dienste oder Einrichtungen, die für den Schutz und die Fürsorge der Kinder verantwortlich sind, normerfüllend zu kontrollieren.

3.3.2. *Das Gebäude der Kinderrechte*

Das Gebäude der Kinderrechte nach der UN-KRK beinhaltet Schutz-, Förder- und Beteiligungsrechte. Diese drei Säulen werden laut Maywald (2012) vom Recht auf Vorrang des Kindeswohls überspannt (S. 50). In Abbildung 5 ist das Gebäude der Kinderrechte nach der UN-KRK dargestellt:

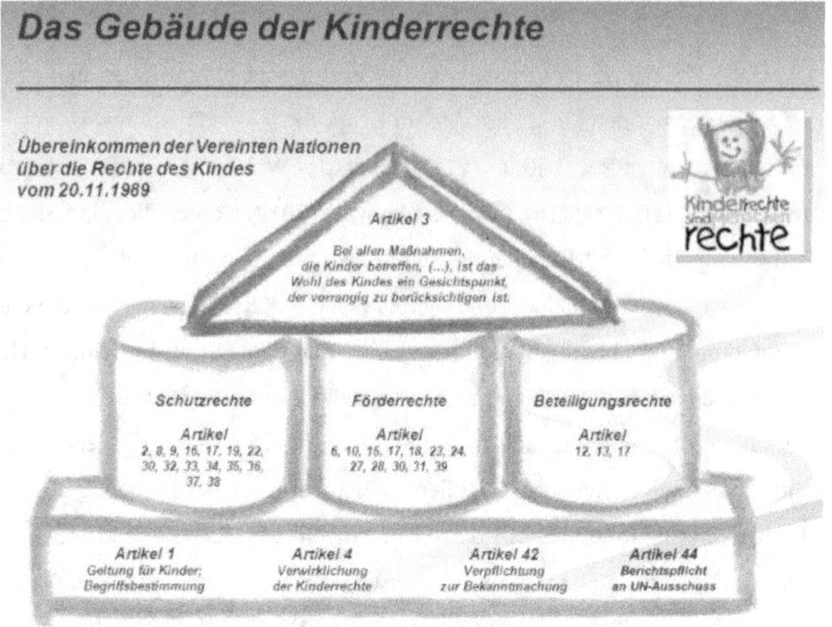

Abbildung 5: Gebäude der Kinderrechte der Übereinkommen der Vereinten Nationen über die Rechte des Kindes vom 20.11.1989 (Maywald, 2010).

Die UN-KRK umfasst insgesamt 54 Artikel, die im Rahmen dieser Arbeit nicht vollständig betrachtet werden können, darum werden im Folgenden nur solche beschrieben, welche für das Thema leichte Körperstrafen relevant sind und sich im Gebäude der Kinderrechte befinden.

Zu den *Schutzrechten* gehört das Recht auf Schutz vor jeder Form körperlicher oder geistiger Gewaltanwendung, Misshandlung oder Vernachlässigung einschliesslich des sexuellen Missbrauchs (Art. 19) und das Recht auf Schutz in Strafverfahren (Art. 40).

Förderrechte beinhalten das Recht auf vorrangige Berücksichtigung des Kindeswohls (Art. 3), das Recht auf Leben und bestmögliche Entwicklung (Art. 6), das Recht auf Gedanken, Gewissens- und Religionsfreiheit (Art. 14), das Recht auf beide Eltern und auf Kinderbetreuungsdienste (Art. 18), das Recht auf Gesundheitsfürsorge (Art. 24), das Recht auf Leistungen der sozialen Sicherheit (Art. 26), das Recht auf einen angemessenen Lebensstandard (Art. 27) und das Recht auf Bildung (Art. 28).

Beteiligungsrechte beinhalten unter anderem das Recht auf Berücksichtigung der Meinung des Kindes (Art. 12), das Recht auf freie Meinungsäusserung, auf Informationsbeschaffung und Informationsweitergabe (Art. 13).

3.4.　Das Wichtigste in Kürze

Das Schlagen ohne Verletzungsfolge wird im Strafrecht als Tätlichkeit behandelt. Wiederholte Tätlichkeiten an Kindern werden strafrechtlich geahndet und von Amtes wegen verfolgt. Es ist nicht klar, welches Mindestmass ein Eingriff in die körperliche Integrität eines Kindes erreichen muss, damit es nach Art. 126 StGB als strafwürdig betrachtet wird. Drei leichte Tätlichkeiten im Zeitraum von zwei Jahren gelten nach Auffassung des Obergerichts noch nicht als wiederholte Begehung. Dadurch wurde bestätigt, dass das ZGB noch immer ein beschränktes Züchtigungsrecht beinhaltet. Rechte und Pflichten, die Eltern gegenüber ihren Kindern wahrnehmen müssen, sind vorwiegend im ZGB verankert. Wenn sie ausserstande sind, diesen Auftrag zu erfüllen, ergreift die KESB, bei einer Gefährdungsmeldung, geeignete Massnahmen. Es wurden Ergänzungen im ZGB vorgeschlagen, damit Kinder auch rechtlich vor leichten Körperstrafen geschützt würden. Der Staat hat gegenüber Kindern auch eine Schutzpflicht, welche sich unter anderem aus der BV und der UN-KRK ergibt. Die Entwicklung im rechtlichen Kindesschutz führte dazu, dass Kinder immer mehr als Rechtssubjekte anerkannt werden. Die UN-KRK enthält keine verbindlichen Rechte. Im Gebäude der Kinderrechte werden Schutz-, Förder- und Beteiligungsrechte unterschieden.

4. Risiko- und Schutzfaktoren bei leichten Körperstrafen in der Prävention

In diesem Kapitel werden Risikofaktoren und Schutzfaktoren erörtert, welche die Wahrscheinlichkeit für leichte Körperstrafen erhöhen respektive vermindern können. In der Fachliteratur wird eine Vielzahl von Einflussfaktoren genannt, welche hier jedoch nicht abschliessend behandelt werden können. Die nachfolgend Genannten sollen aber Fachleuten bei der Entwicklung von möglichen Präventionsmassnahmen, als Hinweise dienen.

4.1. Risikofaktoren

Risikofaktoren sind gemäss Martin Hafen (2013) proaktive Faktoren, welche eine Erkrankung oder Verletzung wahrscheinlicher machen (S. 42-43). Ausgehend von der Aussage Hafens (2013), dass sich Faktoren wechselseitig beeinflussen, bilden sie ein komplexes Gerüst von Risiko- und Schutzfaktoren (S. 129). Auch unerwünschtes Verhalten wird von bestimmten Faktoren beeinflusst (Martin Hafen, 2015c, S. 9).

Doris Bender und Friedrich Lösel (2005) stellen fest, dass die Ursachen von Gewalt gegen Kinder multifaktoriell sind, wobei Risiko- und Schutzfaktoren in komplizierter Weise auf unterschiedlichen Ebenen zusammenwirken. Mit leichten Körperstrafen ist dann zu rechnen, wenn auf individuellen und sozialen Ebenen die Ausprägung von Risikofaktoren die sozialen und individuellen Schutzfaktoren überwiegen. Durch gesellschaftliche Rahmenbedingungen wird ein soziales Klima geschaffen, in dem leichte Körperstrafen sich mehr oder weniger gut entfalten können. Zu diesen Einflüssen gehören kulturelle negative Auffassungen zur körperlichen Unversehrtheit des Kindes, die Befürwortung einer strengen und körperlich züchtigenden Erziehung, eine geringe staatliche Ächtung der leichten Körperstrafen, eine allgemeine gesellschaftliche Neigung zur Gewalt und Defizite in sozialen Hilfesystemen der Kontrolle und Prävention von innerfamiliärer Gewalt. Armut und andere Merkmale von sozioökonomischen Mängeln, die fehlende Einbettung in soziale Netze und eine desorganisierte Nachbarschaft können auch dazu beitragen, dass Eltern ihre Kinder schlagen (S. 336).

Der Sozialpsychologe Hong (2016) lokalisiert vier zentrale Risikofaktoren (a) die kindlichen, (b) die elterlichen und familiären, (c) die Risikofaktoren im sozialen Umfeld und (d) die kulturellen sowie gesellschaftlichen Faktoren (S. 107), welche nachkommend näher betrachtet werden.

4.1.1.   *Kindliche Risikofaktoren*

Für Hong (2016) ist es klar, dass Kinder keine Schuld an der Gewalthandlung ihrer Eltern haben. Dennoch verweist er auf Studien, welche belegen, dass kindliche Merkmale die Risikofaktoren erhöhen, respektive verringern können. Körperliche Merkmale und Verhaltensprobleme der Kinder sind Risikofaktoren, welche dazu führen können, dass Kinder von ihren Eltern Gewalt erleben (S. 107-108). Günther Deegener und Wilhelm Körner (2011) stellen diesbezüglich Risikofaktoren in einer Übersicht dar (vgl. Tabelle 1), (S. 208–209):

Demographische Merkmale	**Physische Merkmale**	**Verhaltensprobleme**
- Entwicklungsphasen der frühen Kindheit und in der Pubertät - männliches Geschlecht	- Frühgeburten, geringes Körpergewicht - Entwicklungsprobleme, gesundheitliche Probleme, Behinderungen	- Kleinkinder, die schwer zu beruhigen sind, Schreikinder - Kleinkinder, die unter Schlaf- oder Essproblemen leiden

Tabelle 1: Kindliche Risikofaktoren (in Anlehnung an Deegener & Körner, 2011, S. 208-209).

Hong (2016) ergänzt, dass vor allem Kinder, welche unter psychischen Problemen litten, wie zum Beispiel Konzentrationsschwächen und geringes Selbstbewusstsein vermehrt von Gewalt von ihren Eltern betroffen sind (S. 109).

4.1.2.   Elterliche- und familiäre Risikofaktoren

Gemäss Hong (2016) zeigen Eltern, die ihre Kinder züchtigen, häufig sowohl ein sehr geringes Selbstbewusstsein, wie auch dissoziale Verhaltensweisen. Wie schon Moggi feststellt (vgl. Kap. 2.6), betont auch Hong (2016), dass das Risiko, Gewalterfahrungen an die kommende Generation weiterzugeben, sich erhöht, wenn Eltern selbst in ihrer Kindheit Gewalterfahrungen gemacht haben. Gewalt gegen Kinder kann auch vom Alter der Eltern und dem Stand der Ehe abhängen. Kinder von alleinerziehenden Elternteilen erleben viel öfter Gewalterfahrungen (S. 110-111). Deegener und Körner (2011) stellen die elterlichen Faktoren zusammen, welche das Risiko auf Gewalthandlungen an Kindern vergrössern (vgl. Tabelle 2), (S. 208–209):

Demographische Merkmale	Persönliche & psychologische Merkmale	Eigene Gewalterfahrungen in der Kindheit
- junges Alter der Mutter bei der Entbindung - grosse Kinderanzahl	- körperliche Strafen werden befürwortet - Erwartungen an Kinder sind überhöht - wenig Kenntnisse über die kindliche Entwicklung - Erziehungsstil mit vielen Drohungen, Anschreien, Missbilligungen - sehr häufig depressiv - erhöhte Ängstlichkeit, unglücklich sein, emotionale Verstimmung - erhöhte Erregbarkeit, geringe Frustrationstoleranz, Impulskontrollstörungen - Stress und Überforderung - Substanzmittelmissbrauch - dissoziale und psychopathische Eltern (manipulativ, nicht einfühlsam, impulsiv, bindungsarm)	- Die Rate für diesen Transfer wird auf ungefähr 30% geschätzt

Tabelle 2: Elterliche- und familiäre Risikofaktoren (in Anlehnung an Deegener & Körner, 2011, S. 208-209).

4.1.3. Risikofaktoren im sozialen Umfeld

Hong (2016) nennt als weitere Risikofaktoren das nahe Umfeld der Wohnung und der Nachbarschaft. Er ergänzt, dass auch die Grösse der Stadt oder Zimmeranzahl der Wohnung das Gewaltrisiko gegen Kinder erhöhen können. Aber auch fehlende soziale Netzwerke und Arbeitslosigkeit zählen zu den relevanten Risikofaktoren. Dadurch kann die Qualität der Fürsorge gegenüber Kindern beeinträchtigt werden (Hong, 2016, S. 112-113). Deegener und Körner (2011) fassen die Risikofaktoren im sozialen Umfeld wie folgt zusammen (vgl. Tabelle 3), (S. 208–209):

Arbeitslosigkeit & Unterschicht	Nachbarschaft & Wohngegend	Soziales Netzwerk
- Arbeitslosigkeit bei Männern - geringe finanzielle Ressourcen, staatliche Unterstützungsabhängigkeit	- Umfeld mit hoher Gewalt- und Armutsrate	- wenig Kontakte zu Verwandten, soziale Isolierung - Familien mit wenig sozialer Unterstützung und häufigen Wohnortswechsel

Tabelle 3: Risikofaktoren im Sozialen Umfeld (in Anlehnung an Deegener & Körner, 2011, S. 208-209).

4.1.4. Kulturelle und gesellschaftliche Risikofaktoren

Laut Hong (2016) haben sich in der vergangenen Zeit die erzieherischen Einstellungen und Werte verändert (S. 113). Bis Ende des achtzehnten Jahrhunderts[12] wurden Gewalt und Zwang noch als vertretbare Erziehungsmittel angesehen, wie etwa Johann Georg Sulzer im Jahre 1748 noch meint, dass sich Kinder nicht mehr erinnern würden, was ihnen in den ersten Jahren ihrer Kindheit

---

12 Zwei bedeutende Werke über die Geschichte der Kindheit liefern Lloyd de Mause (1977) und Philippe Ariès (1960/1975).

angetan wurde. Man muss sie mit Gewalt und Zwang erziehen, um ihren Willen zu nehmen (Sulzer, 1748; zit. in Largo, 2004, S. 335). Die kulturellen und gesellschaftlichen Faktoren werden laut Hong (2016) durch die UN-KRK, durch Gesetze und durch die Kinderpolitik beeinflusst. Diese Risikofaktoren stehen für ihn im Zusammenhang mit den Wertvorstellungen, dem ethischen und moralischen Verhalten sowie mit der Einstellung zu Erziehung (S. 113). Auch sind laut Bender und Lösel (2005) die staatlichen Normvorstellungen und was Kinder- und Familienhilfen allgemein im Gewaltkontext ausdrücken, bedeutsam (S. 319). Günther Deegener (2011) fügt hinzu, dass es keinen Faktor gibt, welcher typisch für Kindesmisshandlungen ist. Jeder Faktor kann in jeder Familie auftreten, unabhängig davon, ob Körperstrafen vorkommen oder nicht (S. 47).

4.2. Schutzfaktoren

Die Prävention erfüllt dann ihre Funktion, wenn sie auf der einen Seite Belastungsfaktoren verringert und auf der anderen Seite Schutzfaktoren stärkt (Hafen, 2015c, S. 7). Häufig wird im Zusammenhang mit Schutzfaktoren von Resilienz und Vulnerabilität[13] gesprochen. Die Resilienz wird im Folgenden erklärt. Schutzfaktoren sind gemäss Hafen (2013) reaktive Faktoren, welche die Wirkungen von Risikofaktoren vermindern können. Sie können demnach nur bezüglich der Risikofaktoren bestimmt werden, weil sie von ihnen abhängig sind (S. 127).

4.2.1. Resilienz

Der Begriff Resilienz stammt aus dem Lateinischen *resilire* und bedeutet sinngemäss das Abprallen oder Zurückspringen. Von Resilienz wird dann gesprochen, wenn mit einer Störung, wie zum Beispiel einem Schock, erfolgreich umgegangen werden kann (Rüdiger Wink, 2016, S. 1). Margherita Zander und

---

13 Vulnerabilität bedeutet Verwundbarkeit, Verletzbarkeit (Duden, 2016).

Martin Roemer (2016) fügen hinzu, dass in der Sozialen Arbeit dann von Resilienz die Rede ist, wenn sich eine Person von einem Schicksalsschlag besser und schneller erholt, als zu erwarten wäre (S. 47). Dietmar Sturzbecher und Peter Dietrich (2007) sind der Ansicht, dass Kinder sich unter schwierigen Bedingungen nicht gleich entwickeln. Während ein Kind sich aus den schwierigen Situationen gut entwickelt, kann ein anderes Kind psychische Störungen entfalten (S. 4). Für Hafen (2014a) ist Resilienz streng genommen keine Fähigkeit und auch keine Kapazität. Sie entspricht vielmehr der Beobachtung des Umstandes, dass sich eine Person trotz Belastungen ohne weitere Probleme entwickelt. Für ihn ist Resilienz ein diagnostischer Befund, welcher auf das Dasein von sozialen und psychischen Schutzfaktoren verweist, die den Einfluss von Risiken abschwächen. Vulnerabilität versteht der Autor als das Gegenkonzept, das auf das Fehlen dieser Faktoren hindeutet (S. 20).

4.2.2.   Interne und externe Schutzfaktoren

Auch wenn Risikofaktoren vorhanden sind, können Schutzfaktoren eine gesunde Entwicklung ermöglichen. Corina Wustmann (2005) gliedert Schutzfaktoren in interne und externe Schutzfaktoren im Kindes- und Jugendalter (S. 165), welche in Tabelle 4 aufgezeigt werden:

Interne Schutzfaktoren	**Externe Schutzfaktoren**
- erstgeborenes Kind - weibliches Geschlecht - Genetische Disposition - Temperamentseigenschaften, welche die soziale Unterstützung und Aufmerksamkeit hervorrufen, indem sie offen und flexibel und aktiv sind - Sie haben intellektuelle Fähigkeiten und Problemlösekompetenzen - Selbstwirksamkeitsüberzeugungen - stabiles, realitätsnahes Selbstkonzept - aktives und flexibles Bewältigungsverhalten - psychische Gesundheitsressourcen - Kohärenzsinn - Kontakt- und Kooperationsfähigkeit - realistischer Attribuierungsstil - Lernbegeisterung - internale Kontrollüberzeugung - sicheres Bindungsverhalten	**In der Familie** - mindestens eine stabile Bezugsperson, die Sicherheit, Vertrauen und Autonomie fördert - autoritativer / demokratischer elterlicher Erziehungsstil (emotional positives, unterstützendes und strukturierendes Erziehungsverhalten, Feinfühligkeit - Zusammenhalt (Kohäsion), Stabilität und konstruktive Kommunikation in der Familie - Fähigkeit der Eltern zur Selbstreflexion und zur Konfliktlösung - Copingfähigkeiten der Eltern in Belastungssituationen - enge Geschwisterbindungen - altersangemessene Verpflichtungen des Kindes im Haushalt - anregendes Bildungsniveau der Eltern - unterstützendes familiales Netzwerk - hoher sozioökonomischer Status **In der KITA** - transparente und konsistente Strukturen und Regeln - wertschätzendes Klima (Wärme, Respekt, Akzeptanz gegenüber dem Kind) - hoher, aber angemessener Leistungsstandard - positive Verstärkung der Leistungen, Anstrengungsbereitschaft des Kindes - positive Peerkontakte, komplexe Freundschaftsbeziehungen - gelungene Kooperation zwischen Eltern und Betreuungs- bzw. Bildungsinstitutionen

Tabelle 4: Interne und externe Schutzfaktoren (in Anlehnung an Wustmann, 2005, S. 165).

4.3.   Das Wichtigste in Kürze

Der Ordnung halber wurden die Risikofaktoren in unterschiedlichen Ebenen eingeteilt, nämlich auf der kindlichen, elterlichen und familiären Ebene. Ebenfalls im sozialen Umfeld und auf der kulturellen und gesellschaftlichen Ebene. Zusammenfassend kann gesagt werden, dass eine Vielzahl von Risikofaktoren auf den vier Ebenen des Individuums, der Familie, der Gemeinschaft und der Gesellschaft vorhanden sein können. Es wird davon ausgegangen, dass mehrere Risikofaktoren vorhanden sein müssten, ehe sie zu einer erschwerenden Entwicklung für Kinder führen. Schutzfaktoren dienen dazu, das Risiko von leichten Körperstrafen durch interne und externe Schutzfaktoren zu verringern.

5. Grundlagen der systemischen Prävention

Um qualitativ hochstehende Präventionsmassnahmen für die Soziale Arbeit in Betracht ziehen zu können, werden zunächst die Grundlagen und die Begriffe der systemischen Präventionstheorie erklärt sowie mit jeweils eigenen Beispielen untermauert. Im Kapitel 5.2 setze ich mich vertiefter mit der systemischen Präventionstheorie nach Hafen auseinander.

5.1. Prävention

Der Begriff *Prävention* leitet sich aus dem lateinischen *praevenire* ab, was wörtlich zuvorkommen bedeutet (Hafen, 2015c, S. 7). Nach Felix Wettstein (2005) soll Prävention einer unerwünschten Entwicklung zuvorkommen, welche gesellschaftlich ausgehandelt wird und darum vom zeitlichen, soziokulturellen, moralisch-ethischen und räumlichen Kontext abhängig ist (S. 1).

5.1.1. Prävention, Früherkennung / Frühbehandlung und Behandlung

Hafen (2013) schlägt vor, zwischen Prävention, Früherkennung / Frühbehandlung und Behandlung zu unterscheiden (S. 109). Alle Massnahmen, die darauf abzielen, ein noch nicht aufgetretenes Problem zu verhindern, werden bei Hafen (2013) der *Prävention* zugeschrieben (S. 109).

Eigenes Beispiel: Wenn Eltern nach der Geburt ihres Kindes von ihrem Kinderarzt über Beratungsstellen zum Thema Kindererziehung informiert werden, liegen (noch) keine Probleme in der Erziehungsstruktur vor.

Massnahmen der *Früherkennung* verfolgen laut Hafen (2013) das Ziel, Anzeichen von Problemen oder bestehende Probleme zu einem frühen Zeitpunkt zu beobachten. Daraufhin sollen diese Beobachtungen systematisiert werden, um adäquate Massnahmen einzuleiten. Diese frühen Massnahmen werden der *Frühbehandlung* zugeordnet (S. 109).

Eigenes Beispiel: Eine Pädagogin entdeckt immer öfter, dass ein Kind mit einer roten Wange in den Kindergarten kommt. Das Kind kann sich dazu nicht adäquat äussern. Es verhält sich vermehrt aggressiv, was sich dadurch zeigt, dass es anderen Kindern ins Gesicht schlägt. Die Pädagogin vermutet, dass Körperstrafen oder andere Erziehungsschwierigkeiten im häuslichen Kontext vorliegen könnten.

Bis hier hin, kann der Begriff Früherkennung benutzt werden. Sobald sich die Pädagogin im Team über ihre Vermutung austauscht und anschliessend die Mutter für ein Gespräch einlädt, wird eine frühzeitige Intervention im Sinne einer Frühbehandlung ergriffen.

Der *Behandlung* werden jene Massnahmen zugeordnet, welche ein bezeichnetes Problem als Ursprung haben und dieses behandeln (Hafen, 2013, S. 84-85).

Eigenes Beispiel: Abklärungen der KESB zeigen, dass ein Kind von seinen Eltern leicht misshandelt wird. Als Massnahme wird die Unterstützung der Eltern durch eine sozialpädagogische Familienbegleitung beschlossen. Hier wurde ein Problem erkannt und eine Massnahme im Sinne einer Behandlung ergriffen.

Hafen (2013) stellt Prävention und Behandlung als ein Kontinuum dar (S. 84). Demnach können sie nicht getrennt voneinander betrachtet werden. Jede Prävention beinhaltet behandelnde Gesichtspunkte, wie auch jede Behandlung präventive Aspekte inkludiert. Prävention kann lediglich versuchen, bei den Einflussfaktoren anzusetzen. Massnahmen der Behandlung können auftretende Symptome oder Folgeprobleme versuchen zu verhindern. Sie können aber auch an den Einflussfaktoren ansetzen, um Belastungsfaktoren zu minimieren und Schutzfaktoren zu stärken (Hafen, 2013, S. 109).

5.1.2.   Universelle, selektive und indizierte Prävention

Weil Prävention für unterschiedliche Zielgruppen genutzt werden kann, führt Robert Gordon die Begriffe universelle, selektive und indizierte Prävention ein (Gordon, 1987; zit. in Hafen, 2013, S. 108).

Hafen (2013) erläutert diese Begriffe folgendermassen:

Die *universelle Prävention* wendet sich an ganze Bevölkerungsgruppen, die keine spezifischen Risikofaktoren aufzeigen, wie etwa an alle Eltern von kleinen Kindern. Präventive Massnahmen können massenmediale Kampagnen, Massnahmen auf Gemeindeebene oder die Arbeit in Kindergartengruppen sein (S. 108).

Die *selektive Prävention* richtet sich an definierte Risikogruppen. Personen dieser Gruppen sind in der Regel gesund und unauffällig. Jedoch werden ihnen bestimmte Risikofaktoren beigelegt, die mit dem abzuwehrenden Problem in Verbindung stehen können (S. 108).

Die *indizierte Prävention* richtet sich an Personen, die bereits ein manifestes Risikoverhalten aufzeigen. Sie wird dann angewendet, wenn das Problem bereits aufgetreten ist und in einer frühen Phase erkannt wurde. Für Hafen (2013) handelt es sich dabei im Grunde genommen nicht mehr um Prävention, sondern um Früherkennung und Frühintervention, weil das eigentlich verhindernde Problem schon aufgetreten ist und frühbehandelnde Massnahmen ja bereits eingeleitet werden (S. 108). Abbildung 6 dient dazu die oben genannten Begriffe einzuordnen:

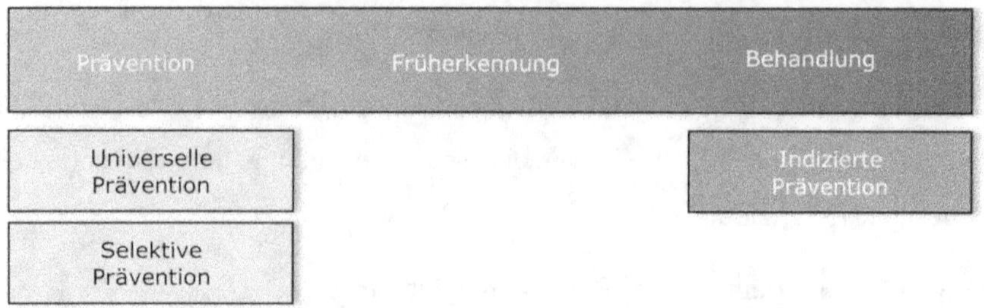

Abbildung 6: Modell der Begrifflichkeiten (modifiziert, in Anlehnung an Hafen, 2013, S. 111).

5.2.   Systemische Präventionstheorie

Gemäss Hafen (2015c) sind Systeme keine Dinge oder Einheiten, sondern sie unterscheiden sich in der Art und Weise, wie sie denken oder kommunizieren, was operative Differenzen genannt wird. Das bedeutet, dass keine Familie sich im Vergleich zu einer anderen stereotypisch verhält (S. 10). Ein System kann also nur dann erkannt werden, wenn es von seiner Umwelt unterschieden werden kann. Folgerichtig definieren Beobachtende selbst durch ihre eigene Beobachtung, was System und was Umwelt ist. Jede Beobachtung obliegt einer Unterscheidung, welche sich in ihrer Bezeichnung wiederspiegelt. In diesem Kontext wird von der Operation des Unterscheidens und Bezeichnens gesprochen (Hafen, 2013, S. 13).

Zufolge Hafen (2013) werden Systeme und Systemtypen unterschieden (S. 33). Im Folgenden werden die drei Haupttypen, die biologischen, psychischen und sozialen Systeme erklärt.

5.2.1.   *Bio-, psycho-, soziale Systeme*

Systeme werden nicht einfach aus Elementen zusammengesetzt, sondern sie bestehen aus den Relationen ihrer Elemente zueinander (Hafen, 2013, S. 33).

Das *biologische System*, ist laut Hafen (2013) zum Beispiel der Körper eines Lebewesens. Gleich wie soziale Systeme operiert das biologische System permanent, indem es lebt. Das biologische System grenzt sich von seiner Umwelt ab, etwa durch die Grenzen des Körpers. Es ist nicht Teil der sozialen und psychischen Systeme, denn es wird der Umwelt zugeschrieben (S. 36-37).

Unter dem *psychischen System* wird ein Bewusstseinsprozess verstanden, wie zum Beispiel im menschlichen Gehirn. Das psychische System kann zwar nicht selbst kommunizieren, aber es ist die Voraussetzung dafür. Es existiert nur solange, wie es einen Prozess vollzieht, wie etwa die Gedanken, Wahrnehmungen oder Vorstellungen einer Person (Hafen, 2013, S. 33-34).

Das *soziale System* ist gleichbedeutend der Kommunikation. Wenn etwas kommuniziert, wird es soziales System genannt. Umgekehrt muss auch jedes soziale System kommunizieren, damit es überhaupt existieren kann. Nicht die Menschen sind es, die kommunizieren, sondern die Kommunikation selbst. Eine Familie, welche sich aus verschiedenen psychischen Systemen einzelner Menschen zusammensetzt, bildet somit ein soziales System. Weitere Beispiele sind die Gesellschaft, ein Gespräch oder eine kurze Begegnung, nicht aber die Menschen an sich. Diese drei Systemebenen sind eng miteinander verbunden und operieren darum auch nicht ausnahmslos unabhängig voneinander (Hafen, 2013, S. 34-36).

Eigenes Beispiel: Ein kleines Kind hat eine Behinderung. Die Eltern wissen manchmal nicht, was sie tun sollen, wenn das Kind schreit oder mit Gegenständen wirft. Der Vater arbeitet tagsüber, doch das Geld reicht kaum aus, um die nötigen Kosten zu decken. Die Familie hat zudem keine sozialen Kontakte im Umfeld. Manchmal kommt es vor, dass ein Elternteil sich so gereizt fühlt, dass es dem Kind einen Klaps oder eine Ohrfeige gibt.

Das Beispiel zeigt, dass auf allen drei Systemeben Risiken vorhanden sein können und wie komplex Probleme sind, da sich die Systeme gegenseitig beeinflussen.

Prävention hat im Gegenteil zur Behandlung mit Problemen zu tun, welche noch gar nicht bestehen, sondern, die irgendwann einmal auftreten könnten (Hafen, 2013, S. 109). Ein System entscheidet laut Hafen (2013) selbst, wie es kommunizieren oder denken will und von welchen Operationen es sich aus der Umwelt beeinflussen lassen möchte (S. 22). Durch die operative Geschlossenheit sind Systeme auch gemäss Arist Von Schlippe und Jochen Schweitzer (2013) nur schwerlich von aussen direkt beeinflussbar. Demnach kann kein System ausserhalb seiner Grenzen operieren, sondern nur angeregt oder irritiert werden (S. 111-113).

5.2.2.   *Probleme als soziale Konstruktionen*

Ein Merkmal sozialer Probleme ist laut Maja Heiner (2010) der öffentliche Diskurs von kollektiven und unerwünschten Zuständen. Soziale Probleme sind unter anderem Armut, Kriminalität, Seuchen, Umweltverschmutzung oder soziale Benachteiligung (S. 187). Für Hafen (2013) sind Probleme aus der Sicht der Systemtheorie soziale Konstruktionen. In unterschiedlichen Kulturen und zu anderen Zeiten wird ein Problem erst dann als solches benannt, wenn es als Problem wahrgenommen wird. Durch Massenmedien können Probleme sozial konstruiert werden. Erst wenn die Probleme und ihre Einflussfaktoren geklärt sind, können auch Risiko- und Schutzfaktoren benannt werden (S. 145). Die Bedingungen zur Entstehung sozialer Probleme sind hoch komplex, weil sehr viele Faktoren ihren Einfluss auf der Ebene des Körpers, der Psyche, des Sozialen und der Umwelt ausüben, wobei viele dieser Beeinflussungen in der frühen Kindheit liegen (Hafen, 2015c, S. 9).

Wenn Probleme, welche durch Prävention verhindert werden sollen, immer sozial konstruierte Probleme sind, sollte laut Hafen (2013) das Bewusstsein von Fachpersonen gefördert werden. Dieses Bewusstsein kann Fachleuten helfen, mehr professionelle Distanz zu zeigen, als dies bisher in der Praxis anzutreffen ist. Die professionelle Distanz kann bei der präventiven Kommunikation dabei helfen, das Risiko einer zu starken Moralisierung zu verringern. Zudem fördert sie auch die Gelassenheit von Präventionsfachleuten. Der Autor erklärt, dass diese Gelassenheit dabei hilft, die Erkenntnis zu akzeptieren, dass ihre Anstrengungen normalerweise lediglich im besten Falle, eine kurzzeitige und kleinräumige Wirkung entfaltet. Die zur Diskussion stehenden Probleme werden jedoch im grossen Rahmen nicht verschwinden. Auch muss bedacht werden, dass ein Problem, wie leichte Körperstrafen, für eine Familie eine Problemlösung darstellt. Dieser Prozess, welcher sich für das System aus dem Zusammenspiel von System- und Umweltprozessen ergibt, hat demzufolge Lösungscharakter, auch wenn der Prozess vom System und seiner Umwelt als Problem benannt wird (S. 146).

5.2.3. *Systemreferenz*

Das Ziel von Prävention ist laut Hafen (2013) die Ursachenbekämpfung (S. 84). Er schlägt darum vor, die vielen Eventualitäten vor dem Hintergrund der Systemreferenz zu betrachten (Hafen, 2013, S. 161). Diese meint die Unterscheidung von Präventionsmassnahmen, die sich entweder direkt an Personen richten oder aber versuchen, soziale Systeme so zu verändern, dass die Umwelt für die Menschen in der Zukunft (auch weiterhin) förderlich ist. Der Autor unterteilt Prävention in Verhaltensprävention und Verhältnisprävention (Hafen, 2013, S. 161-168).

Verhaltensprävention richtet sich direkt an Personen, um ihr Verhalten zu beeinflussen (Hafen, 2013, S. 161). Durch die Stärkung der Persönlichkeit, durch Aufklärung und Informationen aber auch durch Sanktionen, sollen Personen motiviert werden, sich risikoarm und gesundheitsfördernd zu verhalten (Anja Leppin, 2010, S. 39-40). Dies versucht sie, indem sie, in der Umgebung eines psychischen Systems, dieses System irritiert. Wie beispielsweise Schweden 1975 auf Milchverpackungen, die an alle Haushalte mit Kinder verteilt wurden, den Satz druckte „Können Sie Ihre Kinder erziehen, ohne sie zu schlagen?"

(Bundesministerium für Familien, Senioren, Frauen und Jugend, 2003, S. 9). Ob Präventionen dieser Art aber tatsächlich zu einem veränderten Verhalten der Personen führen, ist nicht vorhersehbar (Hafen, 2013, S. 163).

Mit *Verhältnisprävention* ist die Prävention gemeint, welche sich an soziale Systeme (z.B. Familien) sowie soziale Strukturen (z.B. Betreuungsangebote) richtet und physikalisch-materielle Faktoren[14] (z.B. Spielplätze) zu verändern versucht. Sie stellt soziale Strukturen und die physikalisch-materiellen Faktoren in einen Zusammenhang mit dem Problem (z.B. Überforderung der Eltern), welches mittels präventiver Massnahmen verhindert werden soll. Auch bei der Verhältnisprävention ist nicht vorhersehbar, ob sie zu veränderten Verhaltensweisen der Personen führen. Die Risikofaktoren in den sozialen Systemen und in der physikalisch-materiellen Umgebung sollen vermindert und die Schutzfaktoren gestärkt werden (Hafen, 2013, S. 166-168).

Massnahmen können nicht strikt der Verhältnis- und Verhaltensprävention zugeordnet werden. Beide Zugänge sind von Bedeutung. Präventive Massnahmen richten sich nur selten direkt an die Kinder, sondern meist an die sozialen Systeme in der Umwelt, in der sie aufwachsen. Massnahmen, welche sich direkt an Kinder richten, sind vor allem im Kontext der familienergänzenden Bildung, Betreuung und Erziehung (FBBE), der Frühförderung, sowie der medizinischen Betreuung (Frühbehandlung) vorhanden (Hafen, 2014b, S. 19).

---

14 Gestaltung des Aussenraumes, Bewegungsraum (Hafen, 2015c, S.9).

Der Betreuungsschlüssel in einer Kinderkrippe wird verbessert, in einem Hort werden systematische Reflexionsprozesse eingerichtet, Familien steht mehr Elternurlaub oder Kindergeld zur Verfügung oder sozial benachteiligte Familien werden von der Schwangerschaft bis zum Schuleintritt der Kinder durch eine Fachperson unterstützt und begleitet.

Diese Massnahmen richten sich insbesondere an die sozialen Systeme in ihrer Umwelt. Wenn eine Familienbegleiterin oder ein Familienbegleiter während eines Hausbesuchs Eltern bei Erziehungsfragen berät, wird mit den Eltern individuumsorientiert gearbeitet, ergo eine Verhaltensprävention angestrebt. Wenn dies gelingt, wird die familiäre Umwelt des Kindes verändert, auch wenn die Fachkraft versuchen kann, direkt beim Kind zu intervenieren (Hafen, 2014b, S. 19).

5.2.4. *Methodik und Zielgruppen*

Methoden müssen von Professionellen der Sozialen Arbeit gut ausgewählt werden, um die Wahrscheinlichkeit für eine wirkungsvolle Prävention zu erhöhen (Hafen, 2013, S. 183). Die Umsetzung von Prävention kann komplex sein, weil Prävention zunehmend professionalisiert wird. Aus diesem Grund werden adressatenspezifische Strategien und Konzepte immer zentraler. Zielgruppenfaktoren dienen dazu, die Zielgruppe möglichst genau einzufassen (Hafen, 2013, S. 219).

Gemäss Hafen (2013) unterscheiden sich Präventionsmassnahmen in interaktive und nicht interaktive. *Interaktive* Massnahmen sind solche, bei denen Rückschlüsse darüber erschlossen werden können, ob eine Botschaft bei einer Zielperson angekommen ist, etwa durch Nachfragen. Die Wirkungen der Präventionsmassnahmen können etwa durch Gruppengespräche, Einzelberatungen oder durch Rollenspiele erhöht werden. Bei *nicht interaktiven* Massnahmen wie bei Massenmedien, werden zwar keine wechselseitigen Wahrnehmungen ausgetauscht, doch haben sie den Vorteil, dass sie mit relativ geringem Aufwand viele Menschen erreichen können, weil sie wenig personal- und zeitintensiv sind. Zudem können sie den Boden beispielsweise für gesetzliche und politische Massnahmen ebnen. Der Autor ergänzt, dass bei jeder Massnahme genau abgeklärt werden muss, welche Kombination dieser beiden Massnahmen gewählt werden soll, um die Kosten und die Wahrscheinlichkeit für einen Interventionserfolg optimal in ein Verhältnis zueinander zu stellen (S. 183-185).

Klaus Hurrelmann, Theodor Klotz und Jochen Haisch (2010) weisen darauf hin, dass es von zentraler Bedeutung ist, die Lebensstile und Lebenswelten im Zusammenhang des jeweiligen sozioökonomischen und kulturellen Hintergrunds zu berücksichtigen. Merkmale, welche bedeutsam sein können, sind sozialer Status, Geschlecht, ethnische Zugehörigkeit, religiöse Grundeinstellung, Alter, urbane oder ländliche Lebenswelt (S. 21).

5.3.   Das Wichtigste in Kürze

Mit der systemischen Präventionstheorie konnte aufgezeigt werden, dass das Ziel von Prävention darin liegt, ein noch nicht entstandenes Problem zu verhindern. Prävention kann für unterschiedliche Zielgruppen genutzt werden. Dafür wurden die Begriffe universelle, selektive und indizierte Prävention erklärt. Es wurde ein Überblick über die unterschiedlichen Systemebenen- und Typen geschaffen, wobei die drei Haupttypen, die biologischen, psychischen und sozialen Systeme erklärt wurden. Die Bedingungen zur Entstehung sozialer Probleme sind komplex, da Faktoren ihren Einfluss auf der Ebene des Körpers, der Psyche, des Sozialen und der Umwelt haben können. Dysfunktionale Verhaltensweisen sozialer Systeme stellen häufig Prozesse dar, die Lösungscharakter haben. Präventionsmassnahmen werden differenziert zwischen Verhaltens- und Verhältnisprävention, wobei diese jedoch nicht strikt unterschieden werden können, da beide Zugänge wichtig sind und sich gegenseitig bedingen können. Adressatenspezifische Strategien und Konzepte wurden als zentral erachtet, welche anhand bestimmter Zielgruppenfaktoren bestimmt werden. Bei der Umsetzung einer Massnahme, sollte bedacht werden, dass sowohl soziale wie auch psychische Systeme die Tendenz haben operativ geschlossen zu sein. Möglich ist es aber, durch indizierte Anlässe in ihrer Umwelt zu irritieren, um dadurch Denkmuster oder Verhaltensweisen zu ändern. Dies geschieht am wirkungsvollsten über interaktive Präventionsmassnahmen, wobei diese sich nicht auf einseitige methodische Ansätze beschränken sollten.

6. Früherkennung und Anzeichen

Nun gilt zu klären, wie die Anzeichen von leichten Körperstrafen in der Kindererziehung erkannt werden können. Zunächst werden die Funktionen der Früherkennung anhand einer eigenen Darstellung am Beispiel einer Ohrfeige, ausgehend von Eltern gegenüber ihrem Kind, verdeutlicht. Daraufhin wird betrachtet, wie leichte Körperstrafen vom ausserfamiliären Umfeld früh erkannt werden können.

6.1. Früherkennung von leichten Körperstrafen

Wie im Kapitel 5.1.1 erwähnt, verfolgen Massnahmen der Früherkennung das Ziel, Anzeichen von Problemen oder bestehende Probleme zu einem frühen Zeitpunkt zu beobachten (Hafen, 2013, S. 109). Früherkennung ist die Verbindung zwischen Prävention und Behandlung. Sie hat eine Frühintervention, im Sinne einer Behandlung zur Folge und wird als Diagnoseinstrument verstanden, welches sich durch drei Funktionen auszeichnet:

-   Systematisierung der Beobachtung von Anzeichen für die zu verhindernden Probleme

-   Systematisierung des Austausches dieser Beobachtungen

-   Systematisierung der Einleitung von früh behandelnden Massnahmen (Hafen, 2013, S. 96).

Jede Behandlung wirkt präventiv und jede Prävention behandelnd (Hafen, 2013, S. 85). Um dies zu untermauern, wird im Folgenden versucht, am Beispiel einer Ohrfeige, welche Eltern ihrem Kind geben, eine „Problem- / Ursachen-Kette" (Hafen, 2013, S. 85) darzustellen. Da sich viele Ursachen für ein manifestes Problem formulieren lassen, wie etwa eine mangelhafte Eltern-Kind-Bindung oder psychische Probleme, werden in Abbildung 7 die Ursachen nicht weiter definiert. Wenn Eltern zum Beispiel die Weisung für einen Elternbildungskurs erhalten, um Wissen über kindliche Entwicklungsschritte zu erwerben, wird durch diese Behandlung präventiv weiteren Erziehungsproblemen, wie Überforderung, Schlagen des Kindes bis hin zu schwerer Kindeswohlgefährdung, vorgebeugt. Auch Professionelle der Sozialen Arbeit, welche in der Beratung eine Familienbegleitung an Eltern vermittelt, wirken präventiv im Hinblick auf den Erziehungsstil mit vielen Drohungen und Anschreien, welche wiederum Risikofaktoren für Körperstrafen in der Kindererziehung sein können (vgl. Kap. 4.1.2). Ob eine Intervention als Behandlung oder Prävention bezeichnet wird, hängt also davon ab, worauf der Fokus gelegt wird (Hafen, 2013, S. 85). Liegt er auf einem manifesten Problem, wird eine Behandlung durchgeführt. Wenn der Fokus (wie in Abbildung 7 durch das Auge dargestellt) auf einem noch nicht aufgetretenen Problem oder einem möglichen Folgeproblem liegt, wird mit einer Massnahme präventiv gehandelt.

Nachdem Anzeichen für ein Problem erkannt werden, wie beispielsweise am Verhalten des Kindes (zeigt sich ängstlich oder verstört), könnte durch ein Gespräch mit den Eltern, im Sinne einer Frühbehandlung, präventiv auf weitere unerwünschte Folgen eingewirkt werden. Die Problem- / Ursachen-Kette kann sozusagen immer weiterverfolgt werden, was in der Abbildung 7 der untere blassere Teil darstellt. Die folgende Abbildung zeigt nur eine Auswahl möglicher Interventionen respektive Massnahmen und kann beliebig erweitert werden.

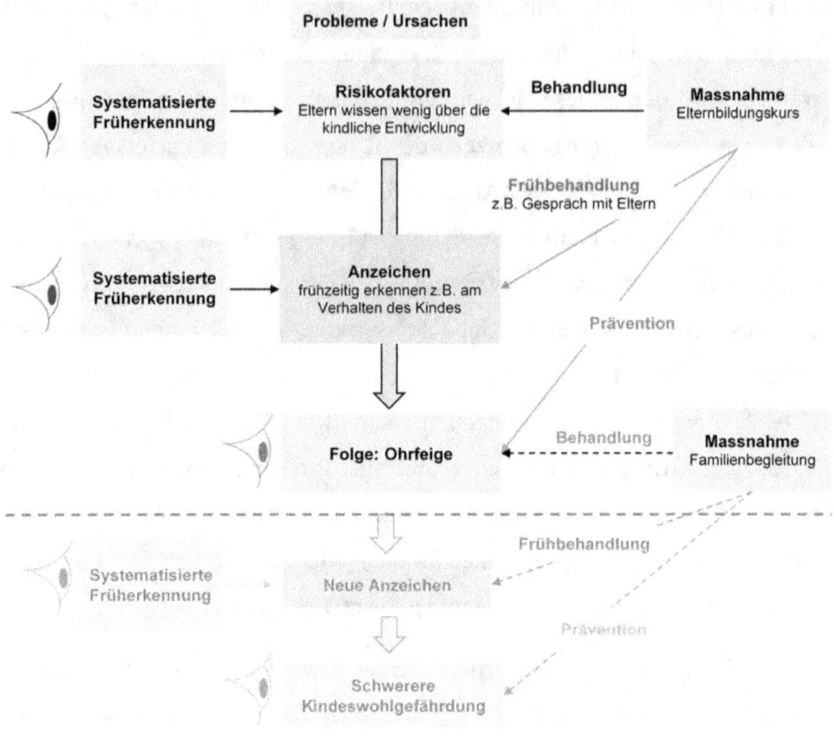

Abbildung 7: Problem- / Ursachen- Kette am Beispiel einer Ohrfeige (eigene Darstellung).

6.2. Anzeichen von leichten Körperstrafen

Gemäss Stiftung Kinderschutz Schweiz (2013) kommen Körperstrafen an kleinen Kindern dann vor, wenn die Eltern überfordert sind, Stress empfinden, sie wenig über Alternativen wissen oder wenn sie überzeugt sind, dass Körperstrafen angebracht sind. Für Fachpersonen ist es wichtig zu wissen, dass die Gefährdung kleiner Kinder in einem dynamischen Beziehungsgeflecht auftreten. Wesentlich ist, dass die elterlichen Kompetenzen frühzeitig gestärkt werden und somit eine negative Dynamik verändert wird. Schützende Massnahmen müssen auch darum ergriffen werden, weil die Beziehung zu den Eltern für das Kind und seine Entwicklung prägend ist (S. 25-33).

In Anlehnung an Ute Ziegenhain, Mauri Fries, Barbara Bütow und Bärbel Derksen werden Grundbedürfnisse in den Ebenen Ernährung, Schlaf, Hygiene/Kleidung, Gefahrenschutz, Gesundheitsfürsorge und psychische Grundbedürfnisse eingeordnet (vgl. Tabelle 5) und aufgezeigt, welche Anzeichen darauf hinweisen, dass die Grundbedürfnisse ungenügend befriedigt werden (Ziegenhain et al., 2013; zit. in Stiftung Kinderschutz Schweiz, 2013, S. 33).

	Grundbedürfnisse	**Anzeichen für mangelnde Befriedigung der Grundbedürfnisse**
Ernährung	ausreichend Ernährung (Flüssigkeit, Essen) in altersadäquater Menge und Zubereitung, regelmässig und mit ausreichender Zeit	Gewichtsverlauf unter der 3. Perzentile; psychosozialer Minderwuchs
Schlaf	geeigneter Schlafplatz, Unterstützung bei der Ausbildung eines Schlaf-Wach-Rhythmus	hoher Geräuschpegel, Schlafplatz ist nicht abgeschirmt, keine den Kompetenzen des Kindes angepasste Begleitung beim Einschlafen, Bett wird als Abschiebeplatz genutzt
Hygiene / Kleidung	Körperpflege; ausreichend Wärme, adäquate Kleidung als Schutz vor Witterungsbedingungen	Kleidung und Windeln werden selten gewechselt, keine Reaktion der Betreuungsperson auf Probleme im Windelbereich, keine adäquate Kleidung
Gefahrenschutz	Schutz vor Misshandlung und Verletzungen	Aussetzung direkter Gefahren, Reizüberflutung (z.B. Fernsehen), unklare, häufige Verletzungen
Gesundheitsfürsorge	Inanspruchnahme von Vorsorgeuntersuchungen, Sicherstellen von notwendigen medizinischen Behandlungen, Erkennen, wenn das Kind krank ist	schwere Krankheitsverläufe und unvollständige Heilungen
Psychische Grundbedürfnisse	Anerkennung und Bestätigung, Zärtlichkeit, Anregung und Förderung, Achtung der	Verhaltensauffälligkeiten (Ängstlichkeit, Rückzug, Aggressivität, bizarres Verhalten, distanzloses Verhalten), viele

Individualität und entwicklungsgemässe Selbstbestimmung, Sicherheit und Geborgenheit, langandauernde Bindung an den/die Menschen, der/die für all das sorgen/sorgten, Ansprache	verschiedene Bezugspersonen und/oder häufige Wechsel, auffälliges Beziehungsverhalten des Kindes, verminderte Erkundung der Umgebung, schlechte Befindlichkeit, gedämpfte Gefühlslage

Tabelle 5: Mangelnde Befriedigung der Bedürfnisse eines Kindes (in Anlehnung an Ziegenhain et al., 2013; zit. in Stiftung Kinderschutz Schweiz, 2013, S. 33).

Kleine Kinder, welche noch nicht sprechen können, sind darauf angewiesen, dass ihre Eltern die kindlichen Grundbedürfnisse kennen. Professionelle, welche mit Kleinkindern arbeiten, können mithilfe Tabelle 5 herausfinden, ob die Kindesbedürfnisse angemessen befriedigt werden (Stiftung Kinderschutz Schweiz, 2013, S. 25-33).

Stiftung Kinderschutz Schweiz (2013) nutzt das von Reinhold Schone (ohne Datum) entwickelte Ampelmodell, um sich zu einem bestimmten Zeitpunkt bei der Einschätzung einer Gefährdung zu orientieren, wie Abbildung 8 im Folgenden aufzeigt. Eine Gefährdung eines Kindes ist weder eine messbare Grösse, noch bleibt sie über eine längere Zeit konstant. Sie kann beispielsweise durch eine Veränderung in der Befindlichkeit der Eltern, entweder verstärkt oder verringert werden. Da gefährdende Verhaltensweisen und Entwicklungen oft auch Positivem gegenüberstehen, lässt die Frage, ob ein Kind gefährdet ist oder nicht, noch schwieriger beantworten. Die Einschätzung einer Gefährdung mit dem Ampelmodell sollte periodisch wiederholt werden, damit sie der Situation des Kindes gerecht wird. Das Modell sollte aber nicht dazu verführen, eine Situation einseitig als gut = grün oder schlecht = rot einzuschätzen (S. 41).

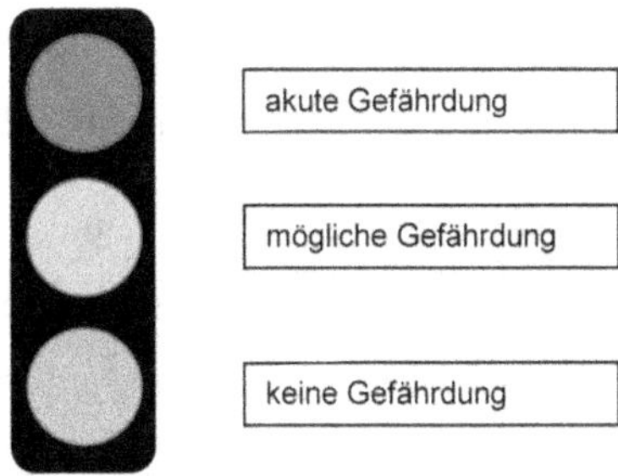

Abbildung 8: Ampelmodell (in Anlehnung an Schone, ohne Datum; zit. in Stiftung Kinderschutz Schweiz, 2013, S. 42).

Eine Kindeswohlgefährdung mit dem Ampelmodell wird gemäss Stiftung Kinderschutz Schweiz (2013) folgendermassen eingeschätzt:

- Wenn die Ampel rot ist, besteht ein Alarmzustand. Die Symptome oder das Verhalten des Kindes oder der Eltern veranlassen zur Sorge um das Kindeswohl. Risiken sind deutlich erkennbar und Ressourcen nur wenig oder gar nicht vorhanden. Die Grundbedürfnisse des Kindes werden unzureichend erfüllt und die Eltern zeigen sich nicht kooperativ. Es muss sofort eine Gefährdungsmeldung eingeleitet werden (S. 42-43).

Die Mutter der dreijährigen Kaja ist nicht aufzufinden, auch wissen die Fachpersonen und Behörden nicht, wo sich Kaja aufhält.

→ Akute Gefährdung: rot (ebd.).

- Wenn die Ampel orange ist, besteht eine latente oder mögliche Gefährdung. Es gibt Warnhinweise darauf, dass ein Kind eventuell Probleme hat, sich zu regulieren oder sich Schwierigkeiten in seiner Entwicklung zeigen. Vielleicht sind beunruhigende körperliche Symptome zu beobachten. Die Grundbedürfnisse werden nur teilweise befriedigt und / oder die Ressourcen im Umfeld reichen vielleicht auf längere Zeit hin nicht aus. Die Eltern zeigen sich bedingt kooperativ. Fachpersonen sollten mit der Familie im Kontakt bleiben und weitere Hilfen einleiten. Der Austausch im Team ist hier besonders wichtig. Eventuell sollte eine vertiefte Abklärung der Situation geschehen (Stiftung Kinderschutz Schweiz, 2013, S. 42-43).

Kaja wird zur heilpädagogischen Früherziehung angemeldet. Es bestehe die Gefahr einer Entwicklungsgefährdung aufgrund psychischer Krankheit der Mutter. Die Mutter ist nicht in der Lage die kindlichen Bedürfnisse adäquat zu befriedigen. Kaja zeigt bereits Rückstände im Sozial- Bindungs- und Spielverhalten.

→ Mögliche Gefährdung: orange (ebd.).

- Wenn die Ampel grün ist, wird nicht von einer Gefährdung ausgegangen. Das bedeutet, dass sich das Kind gut entwickelt und sich gesund zeigt. Die Interaktion zwischen den Bezugspersonen und dem Kind funktionieren weitgehend gut und die Betreuung geschieht feinfühlig. Auch werden die Grundbedürfnisse des Kindes grundsätzlich befriedigt. Fachpersonen, welche einbezogen werden, können daran arbeiten, die Schutzfaktoren zu stärken (Stiftung Kinderschutz Schweiz, 2013, S. 42-43).

Die Situation hat sich beruhigt. Die Mutter bringt Kaja regelmässig zur Früherziehung und ist zu Hause, wenn die Früherzieherin sich zum Hausbesuch angemeldet hat. Die Mutter konnte mit fachlicher Unterstützung eine Tagesmutter zur Entlastung organisieren. Kaja reagiert in der Spielgruppe weniger ängstlich auf die Trennung der Mutter.

→ Momentan keine Gefährdung: grün (ebd.).

Esther Jennings (ohne Datum) vom Gewaltschutzzentrum in Tirol bestätigt die Aussage von Bender und Lösel (2005, S. 336), (vgl. Kap. 4.1), dass Gewaltanwendungen am Kind meist multifaktoriell bedingt sind und es darum schwierig ist, eindeutige und sichere Hinweise für sie zu finden. Fachpersonen müssen eine Anhäufung unspezifischer Anzeichen wahrnehmen und sie zum Wohle des Kindes einordnen können. Dazu muss nach Jennings (ohne Datum) beachtet werden, dass jedes Kind individuell unterschiedlich reagiert. Die Ausprägung der Auffälligkeiten und Symptome (psychisch, psychosomatisch) kann durch die Intensität, das Naheverhältnis des Täters oder der Täterin und durch die zeitliche Dauer der Gewaltanwendung bestimmt werden.

Stiftung Kinderschutz Schweiz (2013) betont, dass kleine Kinder in der Regel mit Verhaltensauffälligkeiten und negativer Befindlichkeit reagieren, wenn sie Misshandlungen ausgesetzt sind. Gleichwohl werden diese von Fachpersonen nicht immer sofort erkannt. Manchmal wirken Kinder, die zu Hause nicht kindsgerecht behandelt werden, oberflächlich kontakt- und spielfreudig. Erst beim genaueren Hinsehen wird vielleicht erkennbar, dass das Spiel mit dem Alter des Kindes eventuell nicht übereinstimmt, das Lachen des Kindes aufgesetzt erscheint oder dass Kontaktaufnahmen wahllos zustande kommen (S. 34-35). Stiftung Kinderschutz Schweiz (2013) erachten es als notwendig, dass die Signale von Säuglingen und Kleinkindern genau beobachtet werden, wobei Hinweise dann eher erkannt werden können, wenn Anzeichen von Stabilität und Instabilität berücksichtigt werden. Diese allein stellen jedoch für sich noch keinen Hinweis auf Gewalt oder ähnliches dar. In Tabelle 6 werden Anzeichen von Stabilität und Instabilität bei einem Säugling, in Anlehnung an Ziegenhain et al. (2013) aufgezeigt:

	Stabilität	**Instabilität**
Autonomes System	gute Atmung; stabile Hautfarbe, stabile Verdauung	unregelmässige Atmung; gepresste Töne; veränderte Hautfarbe; Verdauungsprobleme
Motorisches System	normaler Tonus; koordinierte, weiche, gezielte, altersentsprechende Bewegungen	schlaffer oder überspannter Körper (Hypo- oder Hypertonus); zittrige, zuckende oder ungezielte Bewegungen
System der Schlaf– und Wachzustände	klare Wachheitszustände; Konzentrationsfähigkeit entsprechend des Entwicklungsstandes, altersentsprechendes Schlafverhalten	keine klaren Wach- und Schlafzustände (überwiegend diffuse Zwischenzustände)
Erkundung der Umwelt	Neugierde; gemäss Entwicklungsstand Erkundung durch Lauschen, Nachblicken, mit dem Mund, mit den Händen	Desinteresse an der Umgebung
Verhalten in Beziehung zu anderen Menschen	Blickkontakt; Aufmerksamkeit bei Anregung; ausgeglichene Angeregtheit	kein Blickkontakt; ausgeprägtes Quengeln, Schreien
Selbstregulation	Möglichkeiten, sich selbst beruhigen, das Befinden selbst regulieren zu können bzw. zu beidem beitragen zu können	selbstberuhigendes Verhalten (Nuckeln etc.) funktioniert nicht

Tabelle 6: Anzeichen von Stabilität und Instabilität beim Säugling (in Anlehnung an Ziegenhain et al., 2013; zit. in Stiftung Kinderschutz Schweiz, 2013, S. 35).

6.2.1.   *Professionelles Handeln*

Der Arbeitsprozess mit Kindern und Eltern kann gemäss Stiftung Kinderschutz Schweiz (2013) als einen zyklischen Prozess beschrieben werden, wie Abbildung 9 darstellt:

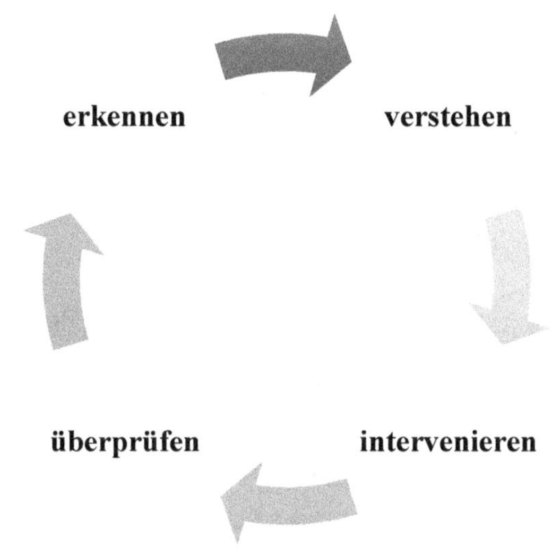

Abbildung 9: Der Arbeitsprozess als zyklischer Prozess (in Anlehnung an Stiftung Kinderschutz Schweiz, 2013, S. 47).

Erkennen

- Beobachtungen, die beunruhigend erscheinen, werden erkannt.
- Der Wunsch entsteht, denen nachzugehen.
- In Ruhe und mit Übersicht die Arbeit weiterführen.
- Es soll weder überreagiert noch weggesehen werden.

Verstehen

- Sich überlegen, wie das zustande kommt, was beobachtet und wodurch es aufrechterhalten wird.
- Verständnis für die zugrundeliegende Dynamik erhalten.
- Hypothesen und Alternativhypothesen entwickeln.

- Supervisionen können helfen, die eigenen Anteile in einem dynamischen Geschehen zu erkennen und zu verstehen.

- Besprechungen mit Kolleginnen, Kollegen oder Vorgesetzte sind notwendig, da eigene Beobachtungen subjektiv sind und der Abstand häufig fehlt, eine Gefährdung richtig zu erkennen und einzuordnen.

Intervention

- Konkret auf diese Beobachtungen reagieren.

- Gespräch mit den Eltern suchen.

- Beobachtungen oder Befürchtungen äussern.

Überprüfen

- Es wird überprüft, was die Intervention bewirkt hat.

- Es ergeben sich daraus Hinweise für das weitere Vorgehen (Stiftung Kinderschutz Schweiz, 2013, S. 47).

Das Thema Kindesschutz benötigt die Sicht verschiedener Berufsgruppen und soll interdisziplinär angegangen werden (z.B. mit Ärztinnen und Ärzten). Fachstellen und Kinderschutzgruppen können bei der Einschätzung von Gefährdungssituationen und bei der Planung des weiteren Vorgehens beraten. Gezielte Abklärungen können aufgrund einer Gefährdungsmeldung im Auftrag der KESB gemacht werden (Stiftung Kinderschutz Schweiz, 2013, S. 43-45). In konkreten Einschätzungen sollte dieser zyklische Prozess mit dem Ampelmodell verknüpft werden, da beide Instrumente für weitere Interventionen hilfreich sein können (ebd., S. 47-48).

6.2.2. *Arbeit mit Eltern und Kindern*

Bei der Arbeit mit den Eltern sollten zufolge Stiftung Kinderschutz Schweiz (2013) folgende Grundsätze beachtet werden:

- Sich gegenüber Eltern immer wertschätzend und sorgfältig verhalten.

- Wenn sich Fachpersonen bei einem Kind Sorgen machen, sollen diese bei den Eltern angesprochen werden.

- Auch in schwierigen Situationen den Dialog mit den Eltern suchen.

- Bemühungen der Eltern honorieren.

- Vermutungen als Vermutungen äussern und Befürchtungen als Fragen formulieren.

- Bei den Ausführungen möglichst von den Bedürfnissen der Kinder ausgehen und elterliches Verhalten nicht unnötig kritisieren.

- Klar und einfach bleiben.

- Orientierung bieten, Informationen und Erklärungen abgeben.

Kinder sind Persönlichkeiten mit eigenen Meinungen und Sichtweisen (Stiftung Kinderschutz Schweiz, 2013, S. 49) Sie brauchen aber auch Orientierung. Aus diesen beiden Gründen ist es unbedingt notwendig, dass sie auch mit einbezogen werden, wenn mit den Familien gearbeitet wird. Es soll nicht nur am Kind gearbeitet werden, sondern direkt mit dem Kind. Auch ganz kleine Kinder sollen Erklärungen zu dem bekommen, was beobachtet und wie weiter vorgegangen wird. Auch wenn sie noch nicht alles verstehen, sollen sie informiert werden und die Möglichkeit bekommen, eigene Anliegen und Meinungen dazu zu äussern. Ein Gespräch mit dem Kind, unter Berücksichtigung der Sprachentwicklung, ist auch dann wichtig, wenn die Arbeit mit den Eltern im Vordergrund steht. Das Kind soll sprechen dürfen und ihm soll mit ehrlichen, kindesgerechten Informationen und Erklärungen adäquate Orientierung ermöglicht werden (S. 49-50).

6.3.   Das Wichtigste in Kürze

Aus den oben beschriebenen Erkenntnissen wurde deutlich, dass die erste Zeit im Leben eines Kindes für seine psychosoziale und gesundheitliche Entwicklung von grosser Bedeutung ist. Auch zeigte sich, dass Prävention und Früherkennung bei dem Thema, leichte Körperstrafen in der Kindererziehung, zentral sind. Anhand Abbildung 7 wurde dargestellt, wann eine Präventionsmassnahme als Behandlung und wann als Prävention bezeichnet wird. Kindliche Grundbedürfnisse und Anzeichen für unbefriedigte Bedürfnisse wurden in Tabelle 5 aufgezeigt. Das Ampelmodell kann Orientierung bieten, um eine mögliche Kindeswohlgefährdung adäquat einzuschätzen. Anzeichen von Stabilität und Instabilität bei einem Säugling, wurden in Tabelle 6 aufgezeigt und können (müssen aber nicht) als Hinweise für leichte Körperstrafen in der Kindererziehung dienen. Der Arbeitsprozess mit Kindern und Eltern, kann als einen zyklischen Prozess beschrieben werden. In der Arbeit mit Eltern und Kindern wurde insbesondere die Relevanz angesprochen, dass mit wertschätzender Haltung Gespräche stattfinden sollten, wenn Fachpersonen Vermutungen oder Befürchtungen bezüglich des Kindeswohls empfinden. Eltern wie auch ganz kleine Kinder haben das Recht auf Transparenz, Ehrlichkeit und Mitsprache.

7. Prävention und Früherkennung in der Sozialen Arbeit

Zunächst liegt der Fokus auf der aktuellen Situation bezüglich Prävention und Früherkennung bei leichten Körperstrafen in der Schweiz. Beispiele von vorhandenen Programmen und Projekten, welche sich direkt an Familien wenden, werden vor allem aus dem Präventionsprogramm „Wirksame Gewaltprävention", welches von 2011 bis 2015 durchgeführt wurde, abgeleitet. Anschliessend wird das Recht auf Schutz vor körperlicher Züchtigung und die Situation bezüglich Betreuungsplätze im Frühbereich betrachtet. Empfehlungen aus dem Forschungsbericht des Schweizer Nationalfond (NFP 60) (2013), aus Berichten des BSV (2005, 2014) sowie aus dem Literaturmaterial, welches dieser Arbeit zugrunde liegt, werden anschliessend abgeleitet. Die Aufgabenfelder und Akteure der Sozialen Arbeit sowie die Tätigkeitsbereiche Professioneller der Sozialen Arbeit werden daraufhin beleuchtet.

7.1. Aktuelle Situation der Prävention und Früherkennung in der Schweiz

Die Schweiz als Sozialstaat hat die Pflicht Massnahmen zu treffen, um Kinder vor jeder Gewaltanwendung zu schützen (vgl. Kap. 3.3). Die Aufgaben werden laut BSV (2014) föderal zwischen dem Bund, den Kantonen und Gemeinden aufgeteilt, wodurch die Kinder- und Jugendpolitik beeinflusst wird. Für die Umsetzung sind primär die Kantone und Gemeinden zuständig. Dadurch, dass sie sich auf verschiedene verfassungsrechtliche und gesetzliche Normen stützen, wird die Politik in der Schweiz in den Gemeinden und Kantonen unterschiedlich umgesetzt (S. 8-9). In Ergänzung zu Art. 386 Abs. 4 StGB, in Ausführung des Art. 19 UN-KRK vom 20. November 1989, trat am 1. August 2010 die „Verordnung über Massnahmen zum Schutz von Kindern und Jugendlichen sowie zur Stärkung der Kinderrechte" in Kraft, SR 311.039.1. Dadurch kann der Bund Programme in der ganzen Schweiz durchführen und auch private Organisationen finanziell unterstützen (vgl. Art. 1-4 StGB).

7.1.1. *Angebote für Familien*

In vielen Gemeinden bestehen zufolge Margit Averdijk, Manuel Eisner, Eva C. Luciano, Sara Valdebenito und Ingrid Obsuth (2015) diverse universelle, selektive und indizierte Angebote für Familien (S. 31). Im universellen Bereich ist ein grosses Spektrum an Angeboten an Elterntrainings vorhanden. Es gibt Kurse, welche Eltern mit Kindern, die Verhaltensauffälligkeiten zeigen, unterstützen können, um die Erziehungskompetenzen zu steigern. Jedoch adressieren nur wenige der vorhandenen Programme speziell diese Zielgruppe (S. 61).

Eine primäre Anlaufstelle ist die Mütter- und Väterberatung, welche in der ganzen Schweiz vorhanden ist. Für Familien mit Kindern zwischen 0 und 5 Jahren werden Telefonberatungen und Hausbesuche angeboten (Averdijk et al., 2015, S. 29-31).

Averdijk et al. (2015) halten fest, dass speziell für Eltern mit sehr jungen Kindern wenige standardisierte Kurse und mehr regional und kantonal unterschiedliche Angebote zur frühen Förderung existieren (S. 52). Ein weiteres Problem erkennen sie in der Koordination der Angebote und in der Erreichung der Zielgruppen (S. 42). Aufsuchende Programme für Familien sind laut Averdijk et al. (2015) bereits seit vielen Jahren in der Schweiz verbreitet. Eine Herausforderung erkennen die Autorinnen und Autoren darin, Familien in Risikosituationen besser zu identifizieren und zu erreichen (S. 30).

Als positives Beispiel nennen Averdijk et al. (2015) das Programm „PAT (Parents as Teachers) – Mit Eltern Lernen" (S. 30). Neben der Früherkennung von Entwicklungsaufgaben erzielt das Programm in Zürich, unter dem Namen „ZEPPELIN" (Zürcher Equity Präventionsprojekt Elternbeteiligung und Integration) eine intensive Förderung der Kinder von 0 bis 3 Jahren.

Vor allem werden Eltern in psychosozialen Risikosituationen zu Hause und in Gruppen unterstützt (Andrea Lanfranchi & Alex Neuhauser, 2013, S. 3-11). Gemäss Andrea Lanfranchi (2014) können Gefährdungslagen im Kontext der Familie durch Kurzscreenings, CARE-Index (eine Methode zur Früherkennung, 3-5 Minuten videographierte Spiel-Interaktion) und mit der Heidelberger Belastungsscala erkannt werden (S. 2-3).

Zufolge Lanfranchi (2014) müssen Eltern über institutionelle Systeme, rund um die Geburt, erreicht werden, damit Gefährdungen frühzeitig erkannt werden können (S. 2-3). Die Früherkennung kann gemäss Averdijk et al. (2015) seitens der Fachpersonen verzögert werden, wenn sie etwa Angst haben, eine Familie zu stigmatisieren, weil sie mit ihrer Einschätzung falsch liegen könnten (S. 43).

Die sozialpädagogische Familienbegleitung (SPF) dient gemäss Averdijk et al. (2015) dazu, elterliche Erziehungskompetenzen zu stärken und sind vor allem an Zielgruppen in schwierigen Lebenslagen gerichtet. Der aktuelle Forschungsstand verweist jedoch darauf, dass bei der Umsetzung und bei der Auswahl eines Programms auf eine breit abgestützte Qualitätskontrolle und auf gute Ausbildung des Personals geachtet werden muss (S. 30-31).

Beispiele für SPF - Angebote sind unter anderem „SpF plus", „Action éducation en milieu ouvert" (AEMO), „Stiftung Jeunesse et Familles", „Schweizerische Hilfe für Mutter und Kind", „Stiftung Mütterhilfe", „Hometreatment Aargau" (HotA) (Averdijk et al., 2015, S. 30).

Eine vertiefte Auseinandersetzung mit den eigenen Erziehungsvorstellungen und den damit verbundenen Erwartungen an die Kinder ist sehr wichtig, damit Eltern im Alltag gelassener bleiben und auch in schwierigen Situationen adäquat handeln können. Handlungsalternativen kennenlernen, welche einen positiven, partizipativen und gewaltfreien Erziehungsstil unterstützen, ist für viele Eltern hilfreich (Kinderschutz Schweiz, 2016).

Im Rahmen der Kurse „Starke Eltern – Starke Kinder®" werden diese Kompetenzen vermittelt. Fragen, welche im Kurs diskutiert werden sind unter anderem: Wie setze ich Grenzen? Wie drücke ich meine eigenen Gefühle und Bedürfnisse aus? Wie kann ich besser auf mein Kind eingehen? Was kann ich tun, wenn ich wütend werde? Wie sorge ich dafür, dass Abmachungen eingehalten werden? (Kinderschutz Schweiz, 2016).

7.1.2. *Recht auf Schutz vor Körperstrafen*

Der Ausschuss für die Rechte des Kindes vom 4. Februar 2015, macht die Schweiz darauf aufmerksam, dass Kinder das Recht auf Schutz vor körperlicher Züchtigung sowie anderen erniedrigenden oder grausamen Formen von Bestrafungen haben. Er stellt weiter fest, dass zwar auf straf- und zivilrechtlicher Ebene Änderungen gemacht wurden, die den Schutz von Kindern vor körperlichen Übergriffen steigern. Er beklagt aber, dass körperliche Züchtigung noch immer nicht als physische Gewalt gilt, wenn sie nicht über das von der Gesellschaft akzeptierte Mass hinausgeht, und dass sie nicht prinzipiell verboten wird (S. 9).

7.1.3. *Betreuungsplätze im Frühbereich*

Gemäss NFP 60 (2013) stehen 0 bis 3-jährigen Kindern rund 34'500 Betreuungsplätze im Frühbereich bereit. Daraus ergibt sich ein Versorgungsgrad von 11%. International betrachtet, ist dieser Grad als sehr tief zu bewerten, da für den Frühbereich Quoten von 33% empfohlen werden[15]. Um Familien zu entlasten, gibt es viel zu wenig Betreuungsplätze für kleine Kinder (NFP 60, 2013, S. 26). Fachkräfte, die mit Kindern arbeiten, sind gemäss BSV (2005) zudem oftmals überfordert, Körperstrafen an Kindern zu erkennen (S. 69).

AvenirSocial (2013a) ergänzt, dass bezahlbare familienergänzende Betreuungsplätze fehlen. Qualitativ hochstehende Betreuungsplätze verhindern Familienarmut. Vor allem alleinerziehende Eltern ist es darum nicht möglich eine Erwerbsarbeit und bezahlbare, kindergerechte Betreuung zu vereinbaren. Betreuungsplätze können massgeblich dazu beitragen, dass sich eine problematische familiäre Situation normalisieren und entspannen kann und, dass die Entwicklung der Kinder besser gefördert wird. Die Kinder sind ausserdem viel besser auf die Einschulung vorbereitet, sie gewinnen wichtige kulturelle, sprachliche und soziale Kompetenzen. Gemäss AvenirSocial (2013a) zeigen Forschungsergebnisse, dass sich die Investition in Frühe Förderung von benachteiligten Kindern enorm auszahlt. Sie kann sich volkswirtschaftlich bis zu 7-fach lohnen, in erster Linie wegen besseren „soft skills" (S. 4).

Martin Hafen (2015a) bemängelt neben den Defiziten bei der familienergänzenden Kinderbetreuung (FEB) auch, dass der Vaterschaftsurlaub fehlt, der Mutterschaftsurlaub, wie auch die Familienzulagen zu kurz bemessen sind, um die bestehenden Kosten für ein Kind zu decken. Auch erwähnt er die Arbeitszeitmodelle, welche wenig kinderfreundlich sind, so dass Väter sich kaum an der Betreuung von ihren Kindern beteiligen können und Mütter mit hochwertigen Ausbildungsabschlüssen ihre Berufskarriere oft zu lange unterbrechen (S.

---

15 Vgl. Europäischer Rat (2002). Barcelona Ziele (S. 5).

12). Nach Hafen (2015a) sollte gerade die Politik daran interessiert sein in den Frühbereich zu investieren, weil die Ausgaben für Rechts-, Sozialhilfe- und Gesundheitskosten eingespart werden könnten (S. 11).

7.1.4. *Empfehlungen*

Das BSV (2005) empfiehlt, dass Fortbildungen nicht nur für Disziplinen der Sozialen Arbeit fest in Organisationen implementiert sind, sondern auch in Arztpraxen, Spitälern, Beratungsstellen, Kindergärten und Schulen (S. 71-72). Fachpersonen sollten sich stetig weiterbilden und Kompetenzen und Strategien bezüglich des Fachwissens über Früherkennung, Gewalt- und Kinderschutz weiterentwickeln (S. 69). Auch sollen sie Eltern alternative Konfliktlösestrategien vermitteln, damit Kinder keine Gewalt von ihren Eltern erleben (S. 63).

Martin Hafen (2014b) empfiehlt, den Fokus vermehrt auf sozioökonomisch benachteiligte Familie zu legen. Er ist der Meinung, dass die Ausbau- und Koordinationsbemühungen durch staatliche Instanzen verstärkt werden müssen und er plädiert für eine verbesserte Qualitätssicherung im Bereich der Frühen Förderung (S. 71). Zudem empfiehlt Martin Hafen (2015b), dass Angebote Früher Förderung von einer Komm- zu einer Gehstruktur umgestellt werden, weil sozial benachteiligte Familien oft wenig über die Angebote wissen, wenig bereit sind, diese aktiv aufzusuchen oder wenig zeitliche Ressourcen haben (S. 9).

Averdijk et al. (2015) empfehlen intensivere Elterntrainings für Eltern von Kindern mit Verhaltensproblemen voranzutreiben (S. 61) und dass in jeder Region in der Schweiz eine Person ernannt wird, die sich mit den Rechtsgrundlagen, Verfahren und Ressourcen auskennt, damit eine Verzögerung durch Angst verhindert wird (S. 43).

Das NFP 60 (2013) empfiehlt, zuhanden der Politik, FEB-Angebote auf bundes-, kantonaler und kommunaler Ebene weiter voranzutreiben. Dabei soll gewährleitet werden, dass die FEB-Angebote in angemessener Qualität, ausreichend verfügbar und für alle zugänglich sind (S. 73). Erfahrungen zeigen laut

BSV (2005), dass der Bekanntheitsgrad, die Vielfältigkeit des Angebots und die Niederschwelligkeit Merkmale für eine gute Zugänglichkeit sind. Auch die Anonymität, wie in Telefonberatungen oder Flexibilität der Beratenden, wie bei Hausbesuchen sind Einflussfaktoren, bezüglich ihrer Inanspruchnahme (S. 66-67).

Der Ausschuss für die Rechte des Kindes vom 4. Februar 2015 empfiehlt, der Schweiz eindringlich, jegliche Form von körperlicher Züchtigung grundsätzlich zu untersagen und gewaltlose, positive und partizipative Disziplinierungs- und Erziehungsformen zu fördern (S. 9).

Fassbind (2007) empfiehlt, Art. 307 ZGB zu ergänzen, damit das Recht des Kindes auf eine gewaltfreie Erziehung festgeschrieben wird. Zudem sollte seiner Ansicht nach, ähnlich wie im deutschen BGB, das Recht des Kindes auf Schutz vor Gewalt in Art. 302 ZGB als Generalprävention genannt werden (S. 553-555). Stiftung Kinderschutz Schweiz (2016) schliesst sich dem an, in dem sie ein explizites Verbot von Gewalt in der Erziehung fordert (S. 2).

7.2. Aufgabenfelder und Akteure und Akteurinnen der Sozialen Arbeit

Unter dem Dach Soziale Arbeit werden in der Schweiz die Berufsgruppen Sozialarbeit, Sozialpädagogik und Soziokulturelle Animation zusammengefasst (Gregor Husi & Simone Villiger, 2012, S. 56). Ihre Aufgabenfelder finden gemäss Husi und Villiger (2012) in der Einzelfallhilfe, Gruppen- und Gemeinwesenarbeit statt, in denen Professionelle der Sozialen Arbeit beratend, begleitend und gestaltend tätig sind. Zudem sind sie mit der politisch-rechtlichen Strukturierung ihres Arbeitsumfeldes beschäftigt (S. 56; S. 91). In Kapitel 1.1 wurde erläutert, dass die Soziale Arbeit, auf Grundlage der Menschen- und Kinderrechte, Prävention und Früherkennung als Handlungsoptionen hinzuziehen kann, um die Lebenslagen von Bürgerinnen und Bürgern zu verbessern. Auch wurde dargelegt, dass die Soziale Arbeit eine Disziplin ist, welche sich auf Gerechtigkeit und Chancengleichheit bezieht und darum aus ethischer Perspektive ihrer Früherkennungsfunktion gar nicht ausweichen kann.

Wie in Kapitel 1.4 erwähnt, wird im Folgenden auf die spezifische Nennung von Berufsgruppen und Organisationen verzichtet. Gemeint sind Personen und Institutionen, welche mit Familien mit kleinen Kindern in Berührung kommen und leichte Körperstrafen an Kinder gegebenenfalls erkennen können. Sie würden dann auch präventive, früherkennende oder frühbehandelnde Massnahmen einleiten.

7.3.   Beratung, Betreuung, Begleitung, Gemeinwesenarbeit und Politik

Die Beratung gilt als Schwerpunkt in der Sozialen Arbeit. Im Kapitel 4.1 wurde darauf hingewiesen, dass Anlässe und Ursachen für leichte Körperstrafen meistens multifaktoriell bedingt sind. Darum ist es nach Harro Dietrich Kähler und Patrick Zobrist (2013) wichtig, Menschen in ihrer Handlungsfähigkeit zu stärken, ihnen Orientierungshilfen zu bieten und ihnen bei der Bewältigung von sozialen Problemen zu helfen. Zudem werden die Ursachen der aktuellen Situation reflektiert. Dies mit dem Ziel, dass die Situation neu bewertet und dadurch auch neu strukturiert werden kann. Die Beratung dient weiter dazu, Problemlösungsstrategien zu entwickeln (S. 95). Wobei hier darauf geachtet werden sollte, dass leichte Körperstrafen für eine Familie bereits eine Problemlösung darstellen kann (vgl. Kap. 5.2.2). Darum sollte laut Wilhelm Körner und Franziska Vogt-Sitzler (2005) Eltern, die ihre Kinder körperlich strafen, deutlich gemacht werden, dass der veranlasste Impuls, leichte Körperstrafen anzuwenden, nicht die Ausübung dieser Gewalt rechtfertigt. Die Aufgabe des Beratungsprozesses ist es, zusammen mit Eltern Optionen für ein weniger belastendes Familienleben zu suchen (S. 618).

Risikofaktoren für leichte Körperstrafen können auch bestehen, wenn Eltern einen Erziehungsstil mit vielen Drohungen ausleben oder wenn die Erwartungen an die Kinder überhöht sind (vgl. Kap. 4.1.2). Gemäss Bender und Lösel (2005) können Eltern in Beratungen lernen, wie Konfliktsituationen gewaltfrei gelöst werden (S. 323-324). Bezüglich sozialer Isolierung, als Risikofaktor (vgl. Kap. 4.1.3), ergänzt Esther Weber (2012), dass Familien in der Beratung auch lernen können, wie sie sich sozial vernetzen. Ferner können durch interne und externe Ressourcenerschliessung affektive Störungen oder psychosoziale Probleme thematisiert und gegebenenfalls an therapeutische Stellen triagiert werden (S. 30-31).

Im Kapitel 4.1.2 wurde erläutert, dass Risikofaktoren bestehen, wenn Eltern zu wenig über kindliche Grundbedürfnisse wissen. Darum ist für Wettstein das Ziel von Betreuung und Begleitung in der Sozialen Arbeit, Menschen lebensfähig zu machen, wobei die Bildung auch eine entscheidende Rolle spielt (Wettstein, 1999; zit. in Husi & Villiger, 2012, S. 51-69). Die gesellschaftlichen und kulturellen Faktoren werden durch Gesetze und durch die Politik beeinflusst. Sie stehen eng im Zusammenhang mit Wertvorstellungen sowie mit der Einstellung zu Erziehung. Diese wurden im Kapitel 4.1.4 als Risikofaktoren für leichte Körperstrafen benannt. Für diesen Bereich ist zufolge Wettstein die Gemeinwesenarbeit zuständig. Sie fokussiert sich hauptsächlich auf die unterversorgten Quartiere oder auf Gruppen, die weniger privilegiert sind. Zudem wendet sie sich prinzipiell an die Beeinflussung und Bewältigung der gesellschaftlichen Verhältnisse, der individuellen Lebensbewältigung und des sozialen Wandels (Wettstein, 2010; zit. in Husi & Villiger, 2012, S. 52).

Die Aufgabe für Professionelle der Sozialen Arbeit sieht Hong (2016) bezüglich des Schutzes für Kinder darin, kritische Diskurse zu führen. Diese sollten die Politik- und Rechtsdiskurse beeinflussen (S. 113). Auch gemäss Silvia Staub-Bernasconi (2007b) soll sich die Soziale Arbeit in die Politik und in öffentliche Diskurse einmischen und diese mitgestalten (S. 201). Peter Sommerfeld (2013) ergänzt, dass sich die Soziale Arbeit als Profession behaupten soll, indem sie auf Grundlage von demokratischen Werten Entscheidungen trifft und dazu in fachlichen Diskursen klare Position bezieht (S. 183).

7.4.   Das Wichtigste in Kürze

Der Bund kann Programme in der ganzen Schweiz durchführen und private Organisationen finanziell unterstützen. Es bestehen viele universelle, selektive und indizierte Angebote für Familien in Gemeinden. Es wurden folgende Angebote vorgestellt: „Mütter- und Väterberatung", „ZEPPELIN", verschiedene Angebote der sozialpädagogischen Familienbegleitung und Kurse von „Starke Eltern – Starke Kinder®". Auch wurden verschiedene Empfehlungen dargelegt, welche versuchen Risikofaktoren für leichte Körperstrafen in der Kindererziehung zu vermindern. Kindliche Risikofaktoren (vgl. Kap. 4.1.1), wie Verhaltensprobleme, können mit Angeboten der Frühen Hilfen versuchen, diese zu vermindern. Fehlende Betreuungsplätze für kleine Kinder deuten auf gesellschaftliche Risikofaktoren hin. Angebote, welche sich an Familien richten, können versuchen Risikofaktoren (vgl. Kap. 4.1.2), wie etwa zu wenig Kenntnisse über die kindliche Entwicklung, Überforderung oder einen Erziehungsstil mit vielen Drohungen entgegenzuwirken. Dadurch, dass in der Schweiz kein explizites Verbot von Gewalt in der Erziehung formaljuristisch verankert ist, bestehen Risikofaktoren, welche im Kapitel 4.1 erklärt wurden. Risikofaktoren für leichte Körperstrafen können zum Beispiel eine allgemeine gesellschaftliche Neigung zur Gewalt, geringe staatliche Ächtung von leichten Körperstrafen und Defizite in sozialen Hilfesystemen der Kontrolle und Prävention von innerfamiliärer Gewalt sein. Fachpersonen, die unspezifische Anzeichen bei Kindern wahrnehmen und sie zum Wohle des Kindes richtig einordnen müssen, können neben dem Ampelmodell auch Kurzscreenings, CARE-Index und die Heidelberger Belastungsscala nutzen (vgl. Kap. 6.2; Kap. 7.1.1), um Gefährdungslagen im Kontext der Familie früh zu erkennen. Aufgabenfelder der Sozialen Arbeit finden in der Einzelfallhilfe, Gruppen- und Gemeinwesenarbeit statt. Es wurde aufgezeigt, dass Professionelle der Sozialen Arbeit Risikofaktoren zu minimieren und Schutzfaktoren zu stärken versuchen. Dies, indem sie einerseits verhaltenspräventiv Menschen durch Beratung, Begleitung und Bildung erreichen möchte. Andererseits fühlt sie sich auch verpflichtet, sich in öffentliche Diskurse und somit in die Politik einzumischen.

8. Erkenntnisse und Schlussfolgerungen

Das Ziel dieser Bachelor-Arbeit war es, herauszufinden, welchen Beitrag die Soziale Arbeit in den Bereichen Prävention und Früherkennung bei leichten Körperstrafen in den ersten Lebensjahren in der Kindererziehung im familiären Kontext leisten kann. Dabei liess ich mich von vier Detailfragestellungen leiten, die im Folgenden aus Kapitel 1.2 aufgegriffen und beantwortet werden.

8.1. Beantwortung der Detailfragestellungen

8.1.1. *Detailfrage 1*

Wie werden leichte Körperstrafen definiert?

In Kapitel 2.1 wurde beschrieben, dass leichte Körperstrafen an kleinen Kindern im familiären Kontext unter dem Begriff Züchtigung zu verstehen sind. Unter dem Begriff Züchtigung wird der erzieherische Aspekt begriffen, indem davon ausgegangen wird, dass eine gewünschte Verhaltensveränderung beim Kind eintritt. Zudem werden Erziehungsmethoden sowohl von der Kultur, wie auch der Bildung beeinflusst. Dies kann besonders durch eine Rückschau in die Geschichte der Kindheit nachvollzogen werden. Leichte Körperstrafen in der Kindererziehung zu definieren bedeutet, dass sie immer auch im Kontext von Gesellschaft, Zeit und Raum gedacht werden müssen.

Zu leichten Körperstrafen in der Kindererziehung kann gesagt werden, dass es höchst relevant ist zu wissen, auf welchem Hintergrund eine Körperstrafe erfolgt, wie sie definiert wird und in ihrer Wirkungsstärke charakterisiert ist. Leichte Körperstrafen sind beispielsweise eine leichte Ohrfeige, ein Klaps auf den Po oder Arm. Bei dem gelegentlichen Klaps, wie auch bei der Ohrfeige, ist problematisch, dass Eltern es sich oft zu einfach machen. Strafen zeigen zeitweilig eine Wirkung und Eltern denken bei der Ausführung nicht genügend über die Folgen nach oder sind mit der momentanen Situation überfordert.

Diese Aspekte können die Wahrscheinlichkeit erhöhen, dass diese Massnahmen in ähnlichen Situationen wiederholt und dadurch zur Gewohnheit werden (vgl. Kap. 2.3).

8.1.2. *Detailfrage 2*

Welche Folgen haben leichte Körperstrafen und inwiefern wird das Kindeswohl durch leichte Körperstrafen verletzt?

Leichte Ohrfeigen, der Klaps auf den Hintern oder Arm hinterlassen meistens keine körperlichen Verletzungen. Sie werden von vielen Autoren und Autorinnen aber als unangemessene Anwendung der Erziehungsmethode verstanden, die meistens situationsgebunden und vorübergehend auftritt und die kindliche Integrität verletzt (vgl. Kap. 2.2). Es wurde sowohl aus psychologischer wie soziologischer Sicht deutlich, dass leichte Körperstrafen mit dem Kindeswohl unvereinbar sind. Insbesondere, wenn kindliche Bedürfnisse mit den Grundrechten im Allgemeinen als Messgrössen im Hinblick auf die Lebensbedingungen betrachtet werden (vgl. Kap. 2.4). Leichte Körperstrafen, wie Ohrfeigen unterdrücken, nämlich zufolge Herbert (1991) das unerwünschte Verhalten eines Kindes kurzfristig, aber das Kind lernt dadurch keine alternativen Handlungsstrategien kennen. Wenn einem Kind Stabilität, Ehrlichkeit, Zusammenarbeit und ähnliches beigebracht werden will, nützen leichte Körperstrafen gar nichts, sondern wirken sich auf die erwähnten Ziele negativ aus. Leichte Körperstrafen behindern den Erwerb neuer Verhaltensweisen, weil sie in einem hoch erregten Zustand ausgeübt werden (S. 87). Auch wenn eine Ohrfeige, als körperliche Bestrafung, keine ersichtlichen Folgen aufweist, verletzt sie die kindliche Seele. Weiter wurde erklärt, dass leichte Körperstrafen in der Kindheit sowohl kurzfristige, wie auch langfristige Folgen haben können (vgl. Kap. 2.6). Sie wurden mit einer milden Form einer Konditionierung gleichgesetzt, was darauf schliessen lässt, dass Kinder ihren Eltern gehorchen müssen. Kinder dürfen sich also keine Fehltritte leisten, was jedoch von kleinen Kindern im

Alter zwischen 0 und 5 Jahren nicht erwartet werden kann, wie auch Schöbi und Perrez (2004) erkannt haben (S. 42), (vgl. Kap. 2.5).

Wenn durch leichte Körperstrafen im Kind, wie Reble (1980) dies besonders betont, das Unterlegenheitsgefühl verschärft wird (S. 20), (vgl. Kap. 2.3), kann mit Blick auf die Entwicklungsstufen von Erikson (Erikson, 1950; zit. in Abels & König, 2016, S. 97), (vgl. Kap. 2.1) behauptet werden, dass Ohrfeigen oder andere leichte Körperstrafen, insbesondere bei kleinen Kindern, das Urvertrauen, die Hoffnung, die Autonomie, so wie die Zielstrebigkeit für das gesamte weitere Leben beeinflussen. Erikson (1966, S. 97) und Delius (1989, S. 51) machen auch deutlich, dass durch den Schlag ins Gesicht im Kind Scham und Schuldgefühle erwachsen und es somit der Möglichkeit beraubt wird, ein stabiles Selbstwertgefühl zu entwickeln. Sulzer (Sulzer, 1748; zit. in Largo, 2004, S. 335), (vgl. Kap. 4.1.4) und Miller (1983, S. 211), (vgl. Kap. 2.6) sind sich zwar einig, dass Kinder sich später nicht mehr daran erinnern, was ihnen in den ersten Lebensjahren angetan wurde, doch Miller (1983) entwickelt diesen Gedanken weiter. Sie führt aus, dass die Erfahrungen von leichten Körperstrafen während der Kindheit verdrängt werden und sich dann aber im Erwachsenenalter zeigen können. Die Personen würden sich selbst oder ihre Umwelt auf irgendeine Weise verletzen oder gar zerstören (S. 211). Auch wenn bisher noch keine verlässlichen Studien Anhaltspunkte über den prozentualen Anteil von gewaltbetroffenen Kinder liefern (vgl. Kap. 2.6), kann aufgrund der Aussagen von vielen Fachpersonen davon ausgegangen werden, dass leichte Körperstrafen sich ausschliesslich negativ auf die menschliche Entwicklung auswirken.

8.1.3. Detailfrage 3

Welche rechtlichen Rahmenbedingungen sind bezüglich leichter Körperstrafen in der Kindererziehung in der Schweiz gegeben?

In Kapitel 3.1.1 wurde deutlich, dass das Schlagen ohne Verletzungsfolge im Strafrecht als Tätlichkeit behandelt wird. Sie wird nur auf Antrag geahndet, wenn sie wiederholt auftritt. Drei leichte Tätlichkeiten im Zeitraum von zwei Jahren gelten gemäss Rechtsprechung noch nicht als wiederholte Begehung. Dadurch wird nicht klar ersichtlich, welche Arten von Züchtigungen wie oft erlaubt sind (vgl. Kap. 3.2.2). Dieser Umstand erschwert es Professionellen der Sozialen Arbeit Kindeswohlgefährdungen einzuschätzen. Von einer Kindeswohlgefährdung wird dann gesprochen, wenn nach den Umständen die ernstliche Möglichkeit einer Beeinträchtigung des Kindeswohls vorauszusehen ist (vgl. Kap. 2.4). Das Kindeswohl bestimmt somit einerseits die Art der Intervention der KESB, andererseits stellt es dabei die Eingriffslegitimation dar. Leichte Körperstrafen, wie Ohrfeigen reichen nach bisheriger Rechtsauffassung (vgl. Kap. 3.2.2) allerdings oftmals nicht aus, um die Grenze der Kindeswohlgefährdung zu erreichen, die wiederrum rechtliche Massnahmen auslösen würde. Es scheint zwar eher unwahrscheinlich, dass die KESB von einer einzigen Ohrfeige an einem kleinen Kind erfährt. Falls aber doch, könnte sie aufgrund ihres Ermessensspielraums auch auf Massnahmen verzichten, wenn die Gefährdung unerheblich ist (vgl. Kap. 3.2.3). Ausserdem ist es schwierig leichte Körperstrafen bei Kindern festzustellen und dann eine adäquate Strafe für die Eltern festzulegen. Kinder würden immer doppelt oder gar dreifach bestraft werden. Durch die leichte Körperstrafe der Eltern, durch die Strafe an den Eltern vom Strafrecht (Mutter oder Vater zeitlich abwesend, finanzielle Einbussen) und gegebenenfalls dadurch, dass Eltern dem Kind die Schuld für die Strafe, durch das Strafrecht, geben (vgl. Kap. 3.1.2). Das Strafrecht alleine scheint darum nicht geeignet zu sein, mittels gemeinnütziger Arbeit, Bussen oder Gefängnis, das Kindeswohl wiederherzustellen. Im Gegenteil, es würden dadurch bestehende Konflikte weiter verschärft werden[16]. Die strafrechtliche Lehre bejaht anscheinend noch ein mildes Recht auf elterliche Züchtigung, auch wenn es von Fachleuten aus dem Familienrecht abgelehnt wird.

Ich gehe mit Fassbind (2007) einig, dass leichte Körperstrafen als Tätlichkeiten betrachtet werden sollten, welche bei erstmaliger Kenntnisnahme der KESB zu einer Mahnung führen würde (S. 554-555), (vgl. Kap. 3.2.3). Die Befürchtung, dass die Wahrscheinlichkeit sich erhöht, dass Eltern erneut zu diesem verbotenen Erziehungsmittel greifen, kann auch durch Aussagen von Herbert (1991) gestützt werden. Denn leichte Körperstrafen können zur Gewohnheit werden (S. 84), (vgl. Kap. 2.3). Eine Wiederholung würde zu einer Weisung führen und erst beim dritten Vergehen würden Eltern strafrechtlich verfolgt werden (Fassbind, 2007, S. 554-555).

Bezüglich leichter Körperstrafen in der Kindererziehung haben Eltern mithilfe des freiwilligen Kindesschutzes (vgl. Kap. 3.2.3) die Chance, zum Beispiel im Falle einer Überforderung in der Erziehung, Beratungsstellen aufzusuchen (vgl. Kap. 7.1.1), um individuelle Lösungen für ihre innerfamiliären Probleme zu finden. Dies aber bedingt, dass zuvor das Bewusstsein geschaffen wurde, dass mit der Anwendung leichter Körperstrafen innerfamiliäre Probleme bestehen. Der freiwillige Kindesschutz wirkt insofern präventiv, als dass er zukünftige Gefährdungen des Kindeswohls zu verhindern versucht. Er kann einerseits auf der Ebene der Verhaltensprävention, ergo auf Massnahmen zur Stärkung der elterlichen Kompetenzen setzen. Andererseits werden Fachstellen des freiwilligen Kindesschutzes an vielen Orten in der Schweiz errichtet und unterstützt, insofern kann er auf der strukturellen Ebene auch der Verhältnisprävention zugeordnet werden.

---

16 vgl. dazu auch Mösch Payot, 2007, S.129; Fassbind, 2007, S.553-555

Gesetzgeberische Massnahmen mit dem Ziel, Kinder vor Körperstrafen zu schützen, können als Verhältnisprävention in der Form legislativer und regulativer Massnahmen eine breite Wirkung erzielen, wie dies im straf- und zivilrechtlichen Kindesschutz deutlich wurde. Um ein gesetzliches Verbot gegen Körperstrafen zu verankern, benötigt es entsprechend dem Schweizerischen Kompetenzcentrum für Menschenrechte (2012) eine Änderung der Mentalität, welche sich langfristig am ehesten durch Sensibilisierungskampagnen (Verhaltensprävention) erreichen lässt. Sie sollte sich an die allgemeine Bevölkerung und vor allem an Eltern richten. Somit wird deutlich, dass auch in gesetzgeberischen Massnahmen die Verhältnis- und Verhaltensprävention in wechselseitiger Beziehung zueinanderstehen (vgl. Kap. 5.2.3).

Gestützt auf die eingangs genannten Forschungsergebnisse (vgl. Kap. 2.5) und die Schutzpflicht des Staates (vgl. Kap. 3.3) leite ich ab, dass leichte Körperstrafen in der Kindererziehung, auch rechtlich, grundsätzlich nicht mit dem Kindeswohl vereinbar sind. Nach bisheriger Auffassung darf auf keinen Fall die Gesundheit des Kindes durch leichte Körperstrafen gefährdet werden. Leichte Körperstrafen können darum auch nicht aus dem Erziehungsrecht der Eltern hergeleitet werden.

Obwohl im ZGB ein ausdrückliches Körperstrafenverbot fehlt, wurde die Einführung des Art. 11 BV und die Erneuerung des Begriffs der elterlichen Gewalt in elterliche Sorge als positive Entwicklungsschritte betrachtet (vgl. Kap. 3.2.3). Ferner ergibt sich für mich aus Kapitel 3, dass, zwischen dem Recht auf Privatsphäre und dem Schutz vor Gewalt im Sinne des Art. 3 Abs. 1 UN-KRK unter Berücksichtigung der Verhältnismässigkeit (Art. 5 Abs. 2 BV; Art. 4 ZGB) immer für das Kind entschieden werden sollte. Somit kann auch die Soziale Arbeit in ihren Tätigkeitsfeldern öffentlich und klar ihre Haltung zu leichten Körperstrafen kommunizieren. Es stellte sich heraus, dass durch die Ratifizierung der UN-KRK die Entwicklung im rechtlichen Kindesschutz dazu führte, dass Kinder immer mehr als Rechtssubjekte anerkannt werden. Dadurch hat sich auch die gesellschaftliche Haltung gegenüber dem Thema leichte Körperstrafen in der Kindererziehung im familiären Kontext verändert.

Im Kapitel 2.5 wurde berichtet, dass verschiedene Studien aufzeigen, dass das schwedische Körperstrafenverbot die Reduktion von Gewalt gegen Kinder in der Erziehung unterstützte. Andere Studien hingegen zeigen, dass auch in Ländern, in denen kein Körperstrafenverbot im Gesetz verankert ist, die Gewalt gegenüber Kindern zurückging. Sie schreiben dies einem allgemeinen Einstellungs- und Wertewandel zu. Für einen Erklärungsversuch bediene ich mich der systemischen Präventionstheorie: Aus systemtheoretischer Perspektive (vgl. Kap. 5.2) bedingen sich Systeme wechselseitig. Das bedeutet also, dass Gesellschaften sich auch gegenseitig beeinflussen können. Demnach würde ein neu errichtetes Gesetz (für eine gewaltfreie Erziehung) in einem Land, dazu führen können, dass Menschen in einem anderen Land beginnen, sich darüber auszutauschen. Es würde demnach die Aufmerksamkeit zum Beispiel über Medien auf ein (neu) formuliertes Problem gelenkt, so dass auch die Wahrscheinlichkeit grösser wird, dass sich ein Paradigmenwechsel im eigenen Land vollzieht, auch ohne explizite Gesetzesgrundlage (vgl. Kap. 5.2.2). Das wurde auch darin deutlich, dass sich eine gewaltfreie Kindererziehung in der Schweiz immer mehr zu einem Ideal hin entwickelt und sogar Eltern, die ihre Kinder mehr als andere körperlich bestrafen, in Zukunft gänzlich auf Körperstrafen verzichten möchten (vgl. Kap. 2.5).

8.1.4. *Detailfrage 4*

Was sind Einflussfaktoren und Anzeichen für leichte Körperstrafen in der Kindererziehung in den ersten Lebensjahren im familiären Kontext im Hinblick auf präventive Massnahmen?

Im Kapitel 4.1.1 wurde erwähnt, dass Kinder, die unter psychischen Problemen leiden, wie Konzentrationsschwächen und geringes Selbstbewusstsein häufiger von Gewalt von ihren Eltern betroffen sind. Im Kapitel 4.1.2 wurde unter anderem angeführt, dass sich bei Eltern, die in ihrer Kindheit Gewalterfahrungen gemacht haben, das Risiko erhöht, diese Erfahrungen an die kommende Generation weiterzugeben.

Ich möchte zu diesen beiden Risikofaktoren den zirkulären Zusammenhang erwähnen. Konzentrationsschwächen und geringes Selbstbewusstsein sind nicht nur kindliche Risikofaktoren für leichte Körperstrafen, sie sind auch die Folgen solcher (vgl. Kap. 2.6). Auch wurde die transgenerationale Weitergabe von leichten Körperstrafen auf der elterlichen und familiären Ebene als Langzeitfolgen im Kapitel 2.6 genannt. Daraus folgere ich, dass es sich um eine Kausalitätskette handeln könnte, welche durch präventive Interventionen durchbrochen werden würde, wenn Gewaltfreiheit in der Erziehung (auch für weitere Generationen) als grundlegender Wert anerkannt wäre.

In Kapitel 4.1.3 zeigte sich unter anderem, dass fehlende soziale Netzwerke und Arbeitslosigkeit zu den relevanten Risikofaktoren für leichte Körperstrafen zählen. Diese aber können sich auch auf die elterlichen und familiären Faktoren auswirken (vgl. Kap. 4.1.2), denn Arbeitslosigkeit kann zu Stress und Überforderung führen. Hier wird der Zusammenhang zu den in Kapitel 5.2.1 erklärten Systemebenen deutlich. Die Systeme beeinflussen sich gegenseitig und wenn sich Probleme auf den drei Systemebenen (Bio-, psycho-, soziale Systeme) befinden, können sie nicht nur auf der einen Ebene angegangen werden. Auch wenn vielleicht die Massnahme „Stärkung der Erziehungskompetenzen" im eigenen Beispiel aus Kapitel 5.2.1 Sinn machte, würde sie kaum ausreichen, um der Familie zu helfen. Wenn das Kind aber Zeit in einer Spielgruppe verbringen könnte, hätten die Eltern mehr Möglichkeiten zur Regeneration oder, um eine zusätzliche Arbeitsstelle zu finden, damit auch den finanziellen Problemen entgegengewirkt werden könnte. Um also qualitativ hochstehende Präventionsmassnahmen durchzuführen, sollten Probleme auf allen drei Ebenen möglichst frühzeitig erkannt und angegangen werden.

Zu den präventiven Schutzfaktoren gehören interne Schutzfaktoren, wie Resilienz, und externe Schutzfaktoren, wie etwa verlässliche Bezugspersonen (vgl. Kap. 4.2.2). Da sich Risiko- und Schutzfaktoren gegenseitig beeinflussen, besteht demnach erst dann eine erhöhte Wahrscheinlichkeit für die Anwendung leichter Körperstrafen, wenn die Risikofaktoren sich kumulieren. Auch kann nicht davon ausgegangen werden, dass bei nicht vorhandenen Schutzfaktoren, notwendigerweise von Risikofaktoren gesprochen werden kann. Sogar wenn viele Risikofaktoren bestehen, ist ein Kind diesen nicht nur hilflos ausgesetzt. Ein resilientes Kind (vgl. Kap. 4.2.1) weist Schutzfaktoren auf, welche die Risikofaktoren mildern können. Das können innere Schutzfaktoren sein, wie eine hohe Selbstwirksamkeitsüberzeugung. Aber auch äussere Faktoren, wie etwa ein wertschätzendes Klima können dabei helfen, vor den negativen Folgen von leichten Körperstrafen zu schützen oder diese abzuschwächen (vgl. Kap. 4.2.2). Schutzfaktoren, wie die Fähigkeit der Eltern zur Selbstreflexion und zur Konfliktlösung, können gestärkt werden, wenn Eltern in einem Beratungsgespräch des freiwilligen Kindesschutzes, Wissen und Kompetenzen für eine gewaltfreie Erziehung vermittelt werden. Auch die SPF oder Elternbildungskurse (vgl. Kap. 7.1.1), können Belastungsfaktoren (vgl. Kap. 4.1.2) zu reduzieren versuchen und vorhandene Schutzfaktoren, wie etwa Kohäsion, versuchen zu stärken.

Bezüglich der Problem- / Ursachen-Kette, welche im Kapitel 6.1 durch Abbildung 7 veranschaulicht wurde, kann man erkennen, dass, je früher (oder je höher in dieser Kette) Massnahmen ergriffen werden, eine Prävention im Hinblick auf weitere Probleme, wirksamer ist. Diese Erkenntnis unterstreicht die Aussage, dass Präventionsmassnahmen dann besser wirken, wenn das Risiko frühzeitig erkannt wird. Umso zentraler erscheint dafür eine gut ausgebaute und systematische Früherkennung (vgl. Kap. 6), wie sie von ZEPPELIN mit der Heidelberger Belastungsscala, mit dem Kurzscreening und mit CARE-Index umgesetzt wird (vgl. Kap. 7.1.1).

Fachpersonen, welche mit kleinen Kindern arbeiten, wie etwa in Kitas, müssen viele Anzeichen wahrnehmen und sie zum Wohle des Kindes einordnen können. Die Einschätzung einer Kindeswohlgefährdung mit dem Ampelmodell (vgl. Kap. 6.2) sollte regelmässig wiederholt werden, damit sie der Situation des Kindes gerecht wird. Es wurde betont, dass bei Säuglingen und Kleinkindern, etwa in einer Kita oder Kinderkrippe, Anzeichen von Stabilität und Instabilität beachtet werden sollten. Auch wenn grundsätzlich nicht davon ausgegangen werden kann, dass Kinder sich immer auffällig verhalten, wenn zu Hause ungenügend auf ihre gesunde Entwicklung eingegangen wird. Das Erkennen der genannten Signale kann jedoch helfen, rechtzeitig Frühinterventionsmassnahmen, wie etwa ein Gespräch mit den Eltern, einzuleiten (vgl. Kap. 6.2.2). Diese Frühbehandlung könnte dann präventiv auf weitere unerwünschte Folgen einwirken.

8.2.   Beantwortung der Hauptfragestellung

In Kapitel 7.1 hat sich gezeigt, dass bereits ein grosses Spektrum an Präventionsprogrammen in der Schweiz vorhanden ist und geeignete Handlungsmöglichkeiten im Bereich der Früherkennung bestehen. Es wurde deutlich, dass Kinder grosszuziehen, nicht nur Privatsache ist, sondern auch Sache des Staates. Präventionsmassnahmen werden darum sowohl auf der Ebene des Bundes, wie auch auf der Ebene der Gesellschaft gefördert und umgesetzt. Nun geht es darum, konkrete Handlungsmöglichkeiten für Professionelle der Sozialen Arbeit aus den Erkenntnissen dieser Bachelor-Arbeit und aus den erwähnten Empfehlungen (vgl. Kap. 7.1.4) herzuleiten und damit die Hauptfragestellung aus Kapitel 1.2 zu beantworten.

Hauptfragestellung

Welchen Beitrag kann die Soziale Arbeit in den Bereichen Prävention und Früherkennung, bei leichten Körperstrafen in den ersten Lebensjahren in der Kindererziehung im familiären Kontext in der Schweiz, leisten?

Die Soziale Arbeit betreibt mit ihren Aufgabenbereichen (Beratung, Betreuung, Begleitung) tendenziell Verhaltensprävention, weil diese Massnahmen sich meistens direkt an Menschen richten. Verhältnisprävention kann unter anderem in der Gemeinwesenarbeit, Stadt- und Quartierentwicklung stattfinden, da sie zumindest ansatzweise die operative Geschlossenheit von Familien öffnen kann (vgl. Kap. 5.2.1). Dies, indem Menschen untereinander vernetzt werden. Dadurch können Risiken (z.B. fehlende soziale Kontakte) vermindert werden. Aber hier soll noch einmal erwähnt werden, dass beide Zugänge von Bedeutung sind und sich selten komplett trennen lassen (vgl. Kap. 5.2.3). Das Monitoring und dessen Rückmeldung an die Politik können bestehende Strukturen verändern und ist tendenziell der Verhältnisprävention zuzuordnen. Wie in den Kapiteln 7.1 und 4.1.4 verdeutlicht wurde, hat die Politik einen entscheidenden Einfluss auf die Risikofaktoren von leichten Körperstrafen in der Kindererziehung.

Es zeigte sich, dass Eltern über institutionelle Systeme, rund um die Geburt (z.B. durch Ärzte, Ärztinnen, Hebammen, Entbindungspfleger oder Sozialdienste), am ehesten erreicht werden (vgl. Kap. 7.1.1). Dafür ist der Bekanntheitsgrad, die Niederschwelligkeit und die Vielfältigkeit eines Angebots, für eine gute Zugänglichkeit von Angeboten Früher Förderung entscheidend. Auch die Flexibilität der Beratenden, wie bei Hausbesuchen und Telefonberatungen sind Einflussfaktoren, bezüglich ihrer Inanspruchnahme.

Professionelle der Sozialen Arbeit können Angebote Früher Förderung vermehrt von einer Komm- zu einer Gehstruktur ändern, weil vor allem sozial benachteiligte Familien wenig über Angebote wissen, wenig bereit sind, diese aktiv aufzusuchen oder wenig zeitliche Ressourcen haben. Aber auch, um näher bei den Familien sein zu können (vgl. Kap. 7.1.3). Es würde sich vermutlich Raum öffnen, um gegenseitiges Vertrauen aufzubauen und zusammen mit Familien Erziehungsstrategien (weiter) zu entwickeln. Angebote Früher Förderung, Erziehungsberatungsstellen und Elternkurse ermöglichen, dass Eltern, zum Beispiel über Entspannungsmethoden, Stressbewältigungskompetenzen erlernen oder diese stärken, um familiäre Überlastung und die daraus resultierenden Beziehungsstörungen zu vermeiden (vgl. Kap. 4.1.2 & 7.1.1). In solch einem Rahmen können Professionelle der Sozialen Arbeit auch Wissen über kindliche Bedürfnisse und alternative Erziehungsstrategien vermitteln (vgl. Kap. 6.2).

Die Leistung von Professionellen könnte auch darin liegen, Kinder ebenfalls zu befähigen, Konflikte gewaltfrei zu lösen und ihre Bedürfnisse angemessen zu äussern, auch, damit sie später nicht selbst mit dem Strafrecht in Konflikt geraten (vgl. Kap. 3.1). Das könnte etwa bei Hausbesuchen, in Kindergärten oder Kinderkrippen möglich sein. Bevor sich Kinder eine eigene Meinung bilden können (Art. 12 UN-KRK), müssen sie über ihre Rechte Bescheid wissen. Fachpersonen könnten bereits in Kinderkrippen und Kindergärten spielerisch dieses Wissen vermitteln. Bei Hausbesuchen könnten feste Zeiten eingerichtet werden, in denen Professionelle ausschliesslich mit dem Kind arbeiten.

Wenn Professionelle bei einem Kind ungünstige oder gefährdende Situationen erkennen, müssen sie sich überlegen, wie ihre Beobachtung zustande kommt und wie sie aufrechterhalten wird. Sie sollten ruhig bleiben und Hypothesen und Alternativhypothesen entwickeln. Sie sollten sich mit Teammitgliedern oder mit ihren Vorgesetzen über ihre Beobachtungen austauschen, wobei auch interdisziplinärer Austausch sehr hilfreich sein kann. Das, damit die Beobachtungen aus unterschiedlichen Perspektiven reflektiert werden können (vgl. Kap. 6.2.1). Ich gehe mit Averdijk et al. (2015) einig, dass es ein grosser Vorteil wäre, in jeder Region der Schweiz eine Person zu ernennen, die sich mit den Rechtsgrundlagen, Verfahren und Ressourcen auskennt. Damit könnte eine Verzögerung seitens der Fachpersonen durch Angst, eine Familie zu stigmatisieren, weil sie mit ihrer Einschätzung falsch liegen könnten, verhindert werden (S. 43), (vgl. Kap. 7.1.4).

Wichtig ist, dass Eltern wertschätzend begegnet wird. Vermutungen über beunruhigende Beobachtungen sollten auch als diese geäussert werden, damit sich Eltern nicht angegriffen oder stigmatisiert fühlen. Es sollte davon ausgegangen werden, dass sie für ihre Kinder nur das Beste wünschen. Sie sollten darum auch Lob und Anerkennung für ihre Leistungen erhalten. Wichtig ist, dass in Gesprächen mit den Eltern und Kindern eine einfache und klare Sprache (ohne Fachbegriffe) gesprochen wird, damit sich Eltern angenommen fühlen können. Wie die Eltern, haben Kinder auch das Recht auf Ehrlichkeit und Klarheit, welche ihnen Orientierung bieten. Auch ganz kleine Kinder soll ermöglicht werden, sich zu den Beobachtungen der Fachpersonen zu äussern (Art. 13 UN-KRK), (vgl. Kap. 6.2.2). Bevor Fachleute, die mit kleinen Kindern arbeiten, vorschnell reagieren, sollten sie sich zunächst Rat über ihre Einschätzungen und der Planung weiteren Vorgehens, bei Fachstellen einer Kinderschutzgruppe, einholen. Erst wenn die Einschätzungen tatsächlich auf eine Kindeswohlgefährdung hindeuten, sollte eine Gefährdungsmeldung bei der KESB gemacht werden, welche dann die Situation gezielt abklärt (vgl. Kap. 6.2). Dieses systematische Vorgehen in der Früherkennung, sollten sich Professionelle, die mit kleinen Kinder arbeiten, durch Weiterbildungen stetig verinnerlichen (vgl. Kap. 6.1).

Elternabende in Kinderkrippen und Kindergärten sollten, neben organisatorischen Inhalten, auch auf elterliche- und familiäre Risikofaktoren, wie Erziehungsschwierigkeiten und Themen, wie Überforderung oder Überbelastungen eingehen (vgl. Kap. 4.1). Eltern würden sich ernst und verstanden fühlen und vielleicht von sich aus Rat suchen, weil sie in ihrer Reflexionstätigkeit angeregt werden. Dies könnte dazu führen, dass ihnen ihre eigenen innerfamiliären Probleme bewusster werden (vgl. Kap. 4.2.2). Ferner könnten Modelle, wie das Ampelmodell (vgl. Kap. 6.2) präsentiert und in regelmässigen Abständen erneut aufgegriffen werden. Auch könnte mithilfe Abbildung 1 zusammen mit Eltern kindliche Bedürfnisse und der Begriff Kindeswohl diskutiert werden (vgl. Kap. 2.4). Eltern wüssten so, dass Mitarbeitende der Institution, mithilfe professioneller Instrumente, auf die kindlichen Reaktionen achten und Fachwissen über Anzeichen von Kindeswohlgefährdungen haben. Somit würde Transparenz geschaffen werden, was Eltern wiederum dazu ermutigen könnte, über innerfamiliäre Schwierigkeiten zu sprechen oder gegebenenfalls eine Beratungsstelle oder einen Elternkurs aufzusuchen. Eltern würden ausserdem für eine gewaltfreie Erziehung sensibilisiert werden, ohne sich stigmatisiert zu fühlen. Dies, weil diese Informationen an alle Eltern, dessen Kinder dieses Angebot (Kinderkrippe, Kindergarten) nutzten, zugänglich gemacht werden würde. Die operative Geschlossenheit (vgl. Kap. 5.2) könnte vermutlich auch dann geöffnet werden, wenn Professionelle sich neben Elternabenden auch die Zeit für Einzelgespräche nehmen. Diese können neben der Schaffung von Vertrauen, Transparenz und Wertschätzung auch auf die sozialen Strukturen Einfluss nehmen und somit auch politische Wirkung erzielen.

In Kapitel 7.1.3 wurde erkannt, dass in der Schweiz zu wenig FEB-Angebote vorhanden sind, um Eltern zu entlasten, welche auf bundes-, kantonaler und kommunaler Ebene unbedingt weiter vorangetrieben werden sollten. Kinder haben das Recht auf Bildung (Art. 28 UN-KRK) wie auch das Recht auf eine bestmögliche Entwicklung (Art. 6 UN-KRK). Diese Förderrechte stützen auch das Recht auf Betreuungsdienste (Art. 18 UNKR), welches auch als Förderrecht für Kinder gilt (vgl. Kap. 3.3.2).

Professionelle der Sozialen Arbeit sollten sich dafür einsetzen, dass vermehrt Angebote für Familien geschaffen werden. Es wurde erwähnt, dass Fachpersonen, die mit kleinen Kindern arbeiten, Fortbildungen in den Bereichen Prävention und Früherkennung besuchen sollten. Diese Fortbildungen könnten als Weiterbildungsmodule fest in Organisationen implementiert werden, aber nicht nur für Disziplinen der Sozialen Arbeit, sondern auch in Arztpraxen, Spitälern, Beratungsstellen, Kindergärten und Schulen (vgl. Kap. 7.1.4). Eine Vernetzung dieser Organisationen sowie die interdisziplinäre Zusammenarbeit und der Informationsaustausch könnte grosse Synergien bieten. Professionelle der Sozialen Arbeit könnten eine wichtige Rolle übernehmen, wenn es darum geht, die Zusammenarbeit zu initiieren und die verschiedenen, im Sozialbereich tätigen Organisationen zu vernetzen.

Wenn Professionelle der Sozialen Arbeit vermehrt die Vernetzung und Zusammenarbeit verschiedener Organisationen initiieren würde, könnte das auch dabei helfen, eine grössere Basis beim Einbringen von Anliegen in politische Prozesse zu generieren, um diesen Anliegen mehr Gewicht zu verleihen. Professionelle der Sozialen Arbeit sollten bezüglich des Schutzes für Kinder, kritische Diskurse führen (vgl. Kap. 7.3). Damit ist gemeint, dass Professionelle widersprechen sollten, wenn die Rechte der Kinder missachtet werden. Sie sollen sich Praktiken, Äusserungen oder Vorhaben (z.B. in Organisationen und Politik) widersetzen, wenn der Schutz für Kinder nicht gewährleistet wird. Dies kann etwa mit Öffentlichkeitsarbeit, Publikationen, wie Kolumnen in Zeitungen und Demonstrationen geschehen. Grundlegend dabei ist, dass sich der Widerspruch der Professionellen begründen lässt, sowohl in ethischer als auch in rechtlicher Hinsicht. Professionelle können gemäss AvenirSocial (2013b) Sensibilisierungskampagnen lancieren, damit ein Verbot gegen Körperstrafen in der schweizerischen Gesetzgebung explizit verankert wird (S. 10-13).

Da nicht ersichtlich ist, wie oft welche Arten von körperlichen Züchtigungen rechtlich erlaubt sind, ist es für Professionelle der Sozialen Arbeit schwierig Kindeswohlgefährdungen einzuschätzen. Das Kindeswohl mithilfe der kindlichen Bedürfnisse zu definieren, würde die Definition fassbar machen und für die Praxis der Sozialen Arbeit könnte der Zusammenhang von Bedürfnissen und Kindeswohlgefährdung erklärbar gemacht werden (vgl. Kap. 2.4). Die Schutz- Förder- und Beteiligungsrechte der UN-KRK könnten hierfür zusätzlich als begründete Handlungsleitlinien dienen (vgl. Kap. 3.3.2).

Wenn Eltern von kleinen Kindern im „Täubelialter" überfordert sind, zusätzlich hohen Arbeitsbelastungen ausgesetzt sind, noch immer (grösstenteils) grassierendes Unverständnis der Wirtschaft für die Achtung der Aufgaben von Vätern gegenüber ihren Kindern besteht, wenn Mütter ihre Berufskarriere so lange unterbrechen müssen, um bei ihren Kindern sein zu können, was anschliessend den Wiedereinstieg erschwert und wenn es finanziell einfach nicht ausreicht (vgl. Kap. 7.1.3), kann vermutlich eine gesetzlich explizite Verankerung der Ächtung von Gewalt an Kindern allein, nur wenig bewirken. Ein Gesetz würde durch die vorgeschlagene Ergänzung im ZGB formaljuristisch zwar auf eine neue Grundlage gestellt werden, auch gerade dann, wenn Leistungen zur Förderung der Erziehung in Familien zusätzlich Wege aufzeigen, wie Konfliktsituationen gewaltfrei gelöst werden können. Parallel dazu müsste aber auch in den genannten Bereichen im Wirtschaftssystem in der Schweiz, welches wenig familienfreundlich ist, gearbeitet werden (vgl. Kap. 5.2.1).

Das Wichtigste in Kürze

- Angebote Früher Förderung von einer Komm- zu einer Gehstruktur gestalten

- Angebote für Familien ausbauen

- Mit Eltern gemeinsam an ihren Erziehungsstrategien arbeiten

- Wissen über kindliche Bedürfnisse und alternative Erziehungsstrategien vermitteln

- Kinder befähigen, Konflikte gewaltfrei zu lösen

- Einfache und klare Sprache anwenden

- Kinder und deren Eltern über Beobachtungen orientieren

- Professionelle besuchen regelmässig Weiterbildungen über systematische Früherkennung

- Modelle (z.B. Ampelmodell) periodisch präsentieren und Eltern zugänglich machen

- Sich mit Eltern über kindliche Bedürfnisse und den Begriff Kindeswohl austauschen

- Das Kindeswohl mithilfe kindlicher Bedürfnisse definieren

- Zeitressourcen für Einzelgespräche erweitern

- Weiterbildungsmodule fest in Organisationen implementieren

- Vernetzung und interdisziplinäre Zusammenarbeit mit anderen sozialtätigen Organisationen sichern

- Professionelle der Sozialen Arbeit führen kritische Diskurse

- Wirtschaftssystem in der Schweiz familienfreundlich gestalten

- Verbot gegen Körperstrafen in der schweizerischen Gesetzgebung explizit verankern

9. Persönliches Fazit und Ausblick

Anhand meiner Ausführungen zum Thema wurde deutlich, wie vielseitig und komplex die Strafproblematik im Allgemeinen ist. Ich konnte verschiedene Aspekte nur andiskutieren, was mir teilweise sehr schwer fiel, da ich bestimmte Themen gerne noch vertieft hätte. Zum Beispiel was die unterschiedlichen Strafformen oder die Geschichte der Kindheit und Erziehung betrifft. Oft stiess ich beim Recherchieren auf religiöse Hintergründe und Begründungen von körperlichen Züchtigungen (auch in der Schule), die für mich sehr spannend waren, jedoch im Rahmen dieser Arbeit keinen Platz fanden.

Eine allgemeingültige Antwort, ob leichte Körperstrafen in der Kindererziehung erlaubt sind, lässt sich nur bedingt beantworten. Vorbehalte gegen leichte Körperstrafen an kleinen Kindern, gehen auf einen allgemeinen Wandel in den Erziehungsvorstellungen zurück. Solange die Gesellschaft ein gewisses Mass von leichten Körperstrafen akzeptiert, lässt sich rechtlich auch nicht eindeutig klären, ob leichte Körperstrafen legitim sind, oder nicht. In dieser Arbeit wurde erkannt, dass in den letzten Jahrzehnten viele Erfahrungen über schädliche Folgen gesammelt wurden, so dass das Thema Körperstrafen auch immer heikler wurde.

Es wurde aufgezeigt, welche Rolle Professionelle der Sozialen Arbeit in den Bereichen Prävention und Früherkennung einnimmt und, dass die Soziale Arbeit in der Verhaltens- und Verhältnisprävention tätig ist, um Kinder vor Gewalt, ausgehend von ihren Eltern, zu schützen. Jedoch besteht auch weiterhin Handlungs- und Optimierungsbedarf.

Forschungserkenntnisse über Risikofaktoren von leichten Körperstrafen werden oft nur am Rande behandelt und Studien über Erziehungsverhalten liegen schon einige Jahre zurück. Darum wäre es sinnvoll aktuelle Daten zum Bestrafungsverhalten von Eltern zu ermitteln und zum Beispiel durch eine qualitative Inhaltsanalyse den Ursachen auf den Grund zu gehen.

10. Literaturverzeichnis

Abels, Heinz & König, Alexandra (2016). *Sozialisation. Über die Vermittlung von Gesellschaft und Individuum und die Bedingungen von Identität* (2., überarb. Aufl.). Institut für Soziologie der Fern Universität. Hagen: Springer.

Ariès, Philippe (1975). *Geschichte der Kindheit* (Caroline Neubauer & Karin Kersten, Übers.). (17. Aufl.). München: Hanser (franz. *L'enfant et la vie familiale sous l'ancien régime.* Paris 1960).

Ausschuss für die Rechte des Kindes vom 4. Februar 2015. *Übereinkommen über die Rechte des Kindes. Schlussbemerkungen zum zweiten, dritten und vierten Staatenbericht der Schweiz.* Gefunden unter http://www.unicef.ch/sites/default/files/attachements/concludingobservations_de.pdf

AvenirSocial (2010). *Berufskodex Soziale Arbeit Schweiz. Ein Argumentarium für die Praxis der Professionellen.* Bern: Autorin.

AvenirSocial (2013a). *Auswege aus der Armut: Bericht zur Bekämpfung der Armut in Junisession.* Gefunden unter http://www.avenirsocial.ch/cm_data/Bekaempfung_der_Armut__Empfehlungen_Juni_2013.pdf

AvenirSocial (2013b). Wer nichts tut, hat schon verloren. Öffentlichkeitsarbeit aus Sicht der Praxis. *Sozialaktuell,* 11, 10-13. Gefunden unter http://www.avenirsocial.ch/sozialaktuell/132222_sa_11_010_013.pdf

AvenirSocial (2014). *IFSW-Definition der Sozialen Arbeit von 2014 mit Kommentar.* Gefunden unter http://www.avenirsocial.ch/de/cm_data/IFSW_IASSW_Definition_2014_mit_Kommentar_dt.pdf

Averdijk, Margit, Eisner, Manuel, Luciano, Eva C., Valdebenito, Sara & Obsuth, Ingrid (2015). *Wirksame Gewaltprävention. Eine Übersicht zum Internationalen Wissensstand* (2., überarb. Aufl.). Gefunden unter www.jugendundgewalt.ch

Bender, Doris & Lösel, Friedrich (2005). Misshandlung von Kindern: Risikofaktoren und Schutzfaktoren. In Günther Deegener & Wilhelm Körner (Hrsg.), *Kindesmisshandlung und Vernachlässigung. Ein Handbuch* (S. 318-346). Göttingen: Hogrefe.

Bericht des Bundesamts für Sozialversicherungen [BSV]. (2005). *Gewalt gegen Kinder. Konzept für eine umfassende Prävention vom September 2005.* Gefunden unter http://www.humanrights.ch/upload/pdf/070320_Gewalt_gegen_Kinder.pdf

Bericht des Bundesamts für Sozialversicherungen [BSV]. (2014). *Aktueller Stand der Kinder- und Jugendpolitik in der Schweiz zuhanden der Kommission für Wissenschaft, Bildung und Kultur des Nationalrates [WBK-N] vom November 2014.* Gefunden unter https://www.bsv.admin.ch/dam/bsv/de/dokumente/kinder/studien/kinder-undjugendpolitik2014.pdf.download.pdf/bericht_aktuellerstandderkinder-undjugendpolitik2014.pdf

Botschaft über die Änderung des Schweizerischen Strafgesetzbuches und des Militärstrafgesetzes (Strafbare Handlungen gegen Leib und Leben, gegen die Sittlichkeit und gegen die Familie) (213.5, Tätlichkeit, Art. 126, S. 1032) vom 26. Juni 1985, SR 85.047. Gefunden unter http://www.amtsdruckschriften.bar.admin.ch/viewOrigDoc.do?id=10049767

Botschaft des Bundesrates an die Bundesversammlung über die Änderung des Schweizerischen Zivilgesetzbuches (Kindesverhältnis) vom 5. Juni 1974, SR 12 03. Gefunden unter http://www.amtsdruckschriften.bar.admin.ch/viewOrigDoc.do?id=10046086

Botzenhart, Simone Carolin (2013). *Frühes Risikoscreening im Kinderschutz: Untersuchung der Auswertungsobjektivität des Anhaltsbogens für ein vertiefendes Gespräch.* Open Access Repositorium der Universität Ulm. Dissertation. Gefunden unter http://d-nb.info/1052585981/34

Bundesministerium für Familien, Senioren, Frauen und Jugend [BMFSFJ]. (2003). *Aktionsleitfaden. Gewaltfreie Erziehung. Anregungen und Ideen für die praktische Arbeit.* Gefunden unter http://www.bmfsfj.de/RedaktionBMFSFJ/Broschuerenstelle/Pdf-Anlagen/Aktionsleitfaden-Gewaltfreie-Erziehung,property=pdf.pdf

Bundesverfassung der Schweizerischen Eidgenossenschaft vom 18. April 1999, SR 101.

Bussmann, Kai-Detlef (2005). *Auswirkungen des Gesetzes zur Ächtung der Gewalt in der Erziehung für das Bundesministerium der Justiz.* MS. Halle/Berlin. Gefunden unter http://bussmann2.jura.uni-halle.de/FamG/Bussmann_FamilienGewaltReport.pdf

Bussmann, Kai-Detlef, Erthal, Claudia & Schroth, Andreas (2009). *Familie – kein Platz für Gewalt (?) 20 Jahre gesetzliches Gewaltverbot in Österreich. Vergleichende Untersuchung Österreich – Deutschland – Schweden – Frankreich – Spanien.* Gefunden unter www.bmfj.gv.at/dam/bmfj/Publikationen/gewaltverbot.pdf

Deegener, Günther & Körner, Wilhelm (Hrsg.). (2005). *Kindesmisshandlung und Vernachlässigung. Ein Handbuch.* Göttingen: Hogrefe.

Deegener, Günther & Körner, Wilhelm (Hrsg.). (2008). *Risikoerfassung bei Kindesmisshandlung und Vernachlässigung. Theorie, Praxis, Materialien* (2. Aufl.). Lengerich: Pabst.

Deegener, Günther & Körner, Wilhelm (2011). Risiko- und Schutzfaktoren. Grundlagen und Gegenstand psychologischer, medizinischer und sozialpädagogischer Diagnostik im Kinderschutz. In Wilhelm Körner & Günther Deegener (Hrsg.), *Erfassung von Kindeswohlgefährdung in Theorie und Praxis* (S. 208-209). Lengerich: Pabst.

Deegener, Günther (2011). Ausmasse und Ursachen von Kindeswohlgefährdung bei Kindern im schulpflichtigen Alter. In Jörg Fischer, Thomas Buchholz & Roland Merten (Hrsg.), *Kinderschutz in gemeinsamer Verantwortung von Jugendhilfe und Schule* (S. 35-62). Wiesbaden: Springer.

Delius, Magrit (1998). *Prügelstrafe – Körperliche Züchtigung in Strafvollzug und Erziehung*. Diplomarbeit. Hamburg: Diplomica Verlag GmbH.

De Mause, Lloyd (Hrsg.). (1977). *Hört ihr die Kinder weinen. Eine psychologische Geschichte der Kindheit*. Frankfurt am Main: Suhrkamp.

Dettenborn, Harry (2010). *Kindeswohl und Kindeswille. Psychologische und rechtliche Aspekte* (3. Aufl.). München: Ernst Reinhardt.

Duden (2016). *Vulnerabilität*. Gefunden unter http://www.duden.de/suchen/dudenonline/Vulnerabilit%C3%A4t

Duden (2016). *Erziehung*. Gefunden unter http://www.duden.de/rechtschreibung/erziehen#Bedeutung1a

Erikson, Erik (1966). *Identität und Lebenszyklus*. Frankfurt am Main: Suhrkamp.

Europäischer Rat (2002). *Barcelona Ziele*. Gefunden unter http://www.consilium.europa.eu/ueDocs/cms_Data/docs/pressData/de/ec/71067.pdf

Fassbind, Patrick (2007). Züchtigungsrecht contra Gewaltverbot. *Aktuelle juristische Praxis, AJP / PJA* 5/2007, 547-555.

Fassbind, Patrick (ohne Datum). *Elterliche Sorge und Kindesschutz – KESB-Organisation und KESB-Verfahren.* [Referat]. Gefunden unter http://docplayer.org/13632978-Elterliche-sorge-und-kindesschutz-kesb-organisation-und-kesb-verfahren.html

Galladè, Chantal (2015, 18.Juni). *Motion 15.3639. Abschaffung des Züchtigungsrechtes.* Gefunden unter https://www.parlament.ch/de/ratsbetrieb/suche-curia-vista/geschaeft?AffairId=20153639

Glättli, Olivier (2013). *Züchtigungsrecht? Züchtigungsrecht im Strafrecht.* Gefunden unter http://lw-p.ch/de/rechtsthemen/zuchtigungsrecht/

Häfeli, Christoph (2005). *Wegleitung für vormundschaftliche Organe* (4., vollst. überarb. und erw. Aufl.). Verein zürcherischer Gemeindeschreiber und Verwaltungsbeamter. Zürich: Kantonale Drucksachen-und Materialzentrale.

Häfeli, Christoph (2013). Kinderschutz und Erwachsenenschutz. In Peter Mösch Payot, Johannes Schleicher & Marianne Schwander (Hrsg.), *Recht für die Soziale Arbeit. Grundlagen und ausgewählte Aspekte* (S. 274-322). Bern: Haupt.

Hafen, Martin (2013). *Grundlagen der systemischen Prävention. Ein Theoriebuch für Lehre und Praxis* (2., vollst. überarb. Aufl.). Heidelberg: Carl-Auer.

Hafen, Martin (2014a). Prävention durch frühe Förderung. *Pädiatrie & Pädologie,* (5), 19-24.

Hafen, Martin (2014b). ‚Better Together‘ - Prävention durch Frühe Förderung. *Präventionstheoretische Verortung der Förderung von Kindern zwi-*

schen 0 und 4 Jahren. Überarbeitete und erweiterte Version des Schlussberichtes zuhanden des Bundesamtes für Gesundheit. Luzern: Hochschule Luzern - Soziale Arbeit.

Hafen, Martin (2015a). Frühe Förderung als sozialpolitische Strategie. Ein Plädoyer für die Umstellung der Sozialpolitik von Intervention auf Prävention. *Sozialaktuell,* (9), 10-12.

Hafen, Martin (2015b). Frühe Förderung als gesundheits-, sozial-, wirtschafts- und integrationspolitische Strategie. *Schweizerische Zeitschrift für Heilpädagogik,* 21 (5-6), 6-12.

Hafen, Martin (2015c). *Zur Bedeutung professioneller Arbeit im Kleinkindbereich – ein Grundlagenpapier mit Blick auf theoretische Überlegungen, empirische Evidenz und erfolgreiche Praxis.* Luzern: Hochschule Luzern – Soziale Arbeit.

Heiner, Maja (2010). *Soziale Arbeit als Beruf. Fälle – Felder – Fähigkeiten* (2. Aufl.). München Basel: Ernst Reinhardt.

Herbert, Martin (1991). *Disziplin- Ein moderner Leitfaden für Eltern.* Bern: Hans Huber.

Hong, Moonki (2016). *Kinderschutz in institutionellen Arrangements.* Wiesbaden: Springer.

Horn, Wiebke (ohne Datum). Gewaltprobleme in Familien. *Hilfen für Familien. Teil 3,* 139-149.

Humanrights (2016). *Übereinkommen über die Rechte des Kindes.* Gefunden unter http://www.humanrights.ch/de/internationale-menschenrechte/uno-abkommen/kinder/

Hurrelmann, Klaus (1994). Mut zur demokratischen Erziehung. *Pädagogik,* 7-8, 13-17.

Hurrelmann, Klaus, Klotz, Theodor & Haisch, Jochen (Hrsg.). (2010). *Lehrbuch Prävention und Gesundheitsförderung* (3., vollst. überarb. Aufl.). Bern: Huber.

Husi, Gregor & Villiger, Simone (2012). *Sozialarbeit, Sozialpädagogik, Soziokulturelle Animation. Theoretische Reflexionen und Forschungsergebnisse zur Differenzierung Sozialer Arbeit*. Luzern: Interact.

Jennings, Esther (Hrsg.). (ohne Datum). *Projekts Interreg IV „Diagnose: Gewalt". Hinweise auf Gewaltanwendung*. Innsbruck. Gefunden unter http://www.diagnose-gewalt.eu/betroffene/gewalt-am-kind

Kähler, Harro Dietrich & Zobrist, Patrick (2013). *Soziale Arbeit in Zwangskontexten. Wie unerwünschte Hilfe erfolgreich sein kann* (2., überarb. Aufl.). München Basel: Ernst Reinhardt.

Kinderschutz Schweiz (2016). *Starke Eltern – Starke Kinder®*. Gefunden unter https://www.kinderschutz.ch/de/gewaltfreie-erziehung.html

Kindler, Heinz (2010). Risikoscreening als systematischer Zugang zu Frühen Hilfen. Ein gangbarer Weg? *Bundesgesundheitsblatt,* (53), 1073-1079. Springer.

Körner, Wilhelm & Vogt-Sitzler, Franziska (2005). Konzepte der Erziehungsberatung bei elterlicher Gewalt. In Günther Deegener & Wilhelm Körner (Hrsg.), *Kindesmisshandlung und Vernachlässigung. Ein Handbuch* (S. 617-636). Göttingen: Hogrefe.

Kurz, Susanne (2015, 11. November). *Körperstrafen in der Schweiz. Die aktuelle Situation.* Fachtagung im Institut für Familienforschung- und Beratung. Gefunden unter http://www.daheimnisse.ch/files/dl/Tagung/kunz_aktuelle_koersperstrafen_in_der_schweiz.pdf

Kreft, Dieter & Mielenz, Ingrid (2013). *Wörterbuch Soziale Arbeit. Aufgaben, Praxisfelder, Begriff und Methoden der Sozialarbeit und Sozialpädagogik* (7., vollst. überarb. Aufl.). Weinheim und Basel: Beltz Juventa.

Lanfranchi, Andrea & Neuhauser, Alex (2013). ZEPPELIN 0 – 3: Theoretische Grundlagen, Konzept und Implementation des frühkindlichen Förderprogramms „PAT-Mit Eltern Lernen". *Frühe Bildung*, 2 (1), 3-11.

Lanfranchi, Andrea (2014, 15. März). *Frühe Förderung von Kindern aus belasteten Familien. Zwischenergebnisse aus der Studie ZEPPELIN 0-3 mit dem Programm „PAT – Mit Eltern Lernen". 3. Zürcher Tagung zur Frühkindlichen Bildungsforschung: Psychische Gesundheit und gelingende Entwicklung.* Vortrag gehalten vor der Interkantonalen Hochschule für Heilpädagogik Zürich.

Largo, Remo H. (2004). *Kinderjahre. Die Individualität des Kindes als erzieherische Herausforderung* (9. Aufl.). München: Piper.

Leppin, Anja (2010). Konzepte und Strategien der Prävention. In Klaus Hurrelmann, Theodor Klotz & Jochen Haisch (Hrsg.), *Lehrbuch Prävention und Gesundheitsförderung* (3., vollst. überarb. und erweit. Aufl., S. 35-44). Bern: Huber.

Loppacher, Barbara (2011). Erziehung und Strafrecht. Unter besonderer Berücksichtigung der Verletzung der Fürsorge- oder Erziehungspflicht (Art. 219 StGB). *Reihe ZStStr - Zürcher Studien zum Strafrecht 58,* 29-55. Zürich: Schulthess Juristische Medien AG.

Loppacher, Barbara (2015). Welchen Schutz bietet das Strafrecht zum Schutz der Kinder vor Misshandlungen? In Christian Schwarzenegger & Rolf Nägeli (Hrsg.), *Achtes Zürcher Präventionsforum – Kinder als Opfer von Kriminalität Aktuelle kriminalpräventive Ansätze,* 51-68. Zürich: Schulthess Juristische Medien AG.

Maywald, Jörg (2009). Kindeswohlgefährdung – erkennen, einschätzen, handeln. *Kindergarten heute spezial,* (114), 18-19.

Maywald, Jörg (2010, 10. Dezember). *Gebäude der Kinderrechte. Kinder haben Vorfahrt! Artikel 3 Abs.1 UN-Kinderrechtskonvention. Die Herausforderung weltweit.* Gefunden unter http://slideplayer.org/slide/888615/

Maywald, Jörg (2012). *Kinder haben Rechte! Kinderrechte kennen – umsetzen – wahren.* Weinheim: Belz.

Miller, Alice (1983). *Am Anfang war Erziehung.* Frankfurt am Main: Suhrkamp.

Mösch Payot, Peter (2007). *Der Kampf gegen häusliche Gewalt: Zwischen Hilfe, Sanktion und Strafe.* Luzern: Interact.

Reble, Albert (Hrsg.). (1980). *Das Strafproblem in Beispielen* (4. Aufl.). Bad-Heilbronn: Klinkhardt.

Rosch, Daniel, Fountoulaktis, Christiana & Heck, Christoph (2016). *Handbuch Kindes- und Erwachsenenschutz. Recht und Methodik für Fachleute.* Bern: Haupt.

Rosch, Daniel & Hauri, Andrea (2016). Kindesschutz. In Daniel Rosch, Christiana Fountoulaktis & Christoph Heck (Hrsg.), *Handbuch Kindes- und Erwachsenenschutz. Recht und Methodik für Fachleute* (S. 405-449). Bern: Haupt.

Ryser Büschi, Nadine (2012). Familiäre Gewalt an Kindern. Eine Untersuchung der Umsetzung der staatlichen Schutzpflicht im Strafrecht. *Reihe ZStStr - Zürcher Studien zum Strafrecht,* 64, 9-41. Zürich: Schulthess Juristische Medien AG.

Schindler, Gila (2011). Kindeswohlgefährdung als Anlass für Interventionen – rechtliche Aspekte. In Wilhelm Körner & Günther Deegener (Hrsg.), *Erfassung von Kindeswohlgefährdung in Theorie und Praxis* (S. 29-55). Lengerich: Pabst.

Schorn, Ariane (2011). Erscheinungsformen, Folgen und Hintergründe von Vernachlässigung und Misshandlung im frühen Kindesalter. In Brigitta Goldberg & Ariane Schorn (Hrsg.), *Kindeswohlgefährdung: Wahrnehmen – Bewerten – Intervenieren* (S. 9-28). Leverkusen: Barbara-Budrich.

Schöbi, Dominik & Perrez, Meinrad (2004). *Bestrafungsverhalten von Erziehungsberechtigten in der Schweiz. Eine vergleichende Analyse des Bestrafungsverhaltens von Erziehungsberechtigten 1990 und 2004.* Freiburg: Universität Fribourg. Gefunden unter http://www.rwi.uzh.ch/elt-lst-buechler/famr/kindesschutz/de/pdf/pdf4.pdf

Schweizerisches Kompetenzcentrum für Menschenrechte [SKMR] (2012). *Verbot der Gewaltanwendung in der Erziehung. Die rechtliche Situation in der Schweiz in Zusammenhang mit Körperstrafen und anderen Formen grausamer und erniedrigender Bestrafung von Kindern.* Gefunden unter http://www.skmr.ch/de/themenbereiche/kinderpolitik/artikel/gewaltverbot.html?zur=92

Schweizerischer Nationalfonds [NFP 60] (2013). *Familienergänzende Kinderbetreuung und Gleichstellung. Schlussbericht.* Zürich/St. Gallen vom 28. Oktober 2013. Gefunden unter https://www.unifr.ch/egalite/assets/files/conseil/nfp60_projekte_iten_zusammenfassung_projektergebnisse_lang_d.pdf

Schweizerisches Strafgesetzbuch vom 21. Dezember 1937, SR 311.0.

Schweizerisches Zivilgesetzbuch vom 10. Dezember 1907, SR 210.

Seiffge-Krenke, Inge (2009). *Psychotherapie und Entwicklungspsychologie. Beziehungen: Herausforderungen, Ressourcen, Risiken.* München: Springer.

Simoni, Heidi (2012). *Sozialwissenschaftliche Grundlagen zu den Konzepten „Kindeswohl, Familie und Elternschaft" im Fortpflanzungsmedizingesetz.* Zürich: Marie Meierhofer. Gefunden unter http://www.bag.admin.ch/themen/medizin/03878/03882/index.html?lang=de&download

Sommerfeld, Peter (2013). Demokratie und Soziale Arbeit – Auf dem Weg zu einer selbstbewussten und autonomen Profession? In Thomas Geisen, Fabian Kessl, Thomas Olk & Stefan Schnurr (Hrsg.), *Soziale Arbeit und Demokratie* (S. 167-185). Wiesbaden: Springer.

Staub-Bernasconi, Silvia (2007a). *Vom Doppel zum Tripelmandat.* Gefunden unter http://www.avenirsocial.ch/cm_data/vom_doppel-_zum_tripelmandat.pdf

Staub-Bernasconi, Silvia (2007b). *Soziale Arbeit als Handlungswissenschaft. Systemtheoretische Grundlagen und professionelle Praxis – Ein Lehrbuch.* Bern: Haupt.

Stiftung Kinderschutz Schweiz (Hrsg.). (2013). *Früherkennung von Gewalt an kleinen Kindern. Leitfaden für Fachpersonen, die in sozialen und pädagogischen Kontexten im Frühbereich begleitend, beratend und therapeutisch tätig sind.* Bern: Autor.

Stiftung Kinderschutz Schweiz (2016*). Argumente für ein gesetzlich verankertes Recht auf eine gewaltfreie Erziehung.* Gefunden unter https://www.kinderschutz.ch/de/aktualitaet/argumente-fuer-eine-gewalt-freie-erziehung.html

Sturzbecher, Dietmar & Dietrich, Peter (2007). Risiko- und Schutzfaktoren in der Entwicklung von Kindern und Jugendlichen. *Interdisziplinäre Fachzeitschrift, Themenheft Resilienz, Ressourcen, Schutzfaktoren- Kinder, Eltern und Familien stärken,* 10 (1), Lengerich: Pabst.

Thomas, Edelhard, Salgo, Ludwig & Lack, Katrin (2015). *Kinderschutz in der frühen Kindheit. Ein Leitfaden für die Praxis.* Zürich: Marie Meierhofer.

Übereinkommen über die Rechte der Kinder [UN-KRK] vom 26. März 1997, SR 0.107.

Von Schlippe, Arist & Schweitzer, Jochen (2013). *Lehrbuch der systemischen Therapie und Beratung I. Das Grundlagenwissen* (2. Aufl.). Göttingen: Vadenhoeck & Ruprecht.

Weber, Esther (2012). *Beratungsmethodik in der Sozialen Arbeit. Das Unterrichtskonzept der Beratungsmethodik an der Hochschule Luzern – Soziale Arbeit* (3., überarb. Aufl.). Luzern: Interact.

Wettstein, Felix (2005). *Prävention im Kontext Sozialer Arbeit.* Gefunden unter http://www.avenirsocial.ch/de/p42003720.html

Wink, Rüdiger (Hrsg.). (2016). *Multidisziplinäre Perspektiven der Resilienzforschung.* Wiesbaden: Springer.

Wustmann, Corina (2005). Auf den Anfang kommt es an: Perspektiven für eine Neuorientierung frühkindlicher Bildung – Teil B Resilienz. Bundesministerium für Bildung und Forschung [BMBF] (2007). (Hrsg.), *Bildungsreform,* 119-190. Gefunden unter https://www.bmbf.de/pub/Bildungsforschung_Band_16.pdf

Wustmann Seiler, Corina & Simoni, Heidi (Hrsg.). (2012). *Orientierungsrahmen für frühkindliche Bildung, Betreuung und Erziehung in der Schweiz. U-NESCO und Netzwerk Kinderbetreuung*. Gefunden unter http://www.orientierungsrahmen.ch

Wyttenbach, Judith (2003a). Gewaltfreie Erziehung. In Ingeborg Schwenzer, Andrea Büchler & Michelle Cottier (Hrsg.), *FamPra – Die Praxis des Familienrechts*, 769. Bern: Stämpfli.

Wyttenbach, Judith (2003b). Wer definiert das Kindeswohl? Das Kindeswohl, der Staat und die Definitionsmacht der Eltern aus grund- und menschenrechtlicher Sicht. In Claudia Kaufmann & Franz Ziegler (Hrsg.), *Kindeswohl. Eine interdisziplinäre Sicht* (S. 39-48). Zürich: Rüegger.

Zander, Margherita & Roemer, Martin (2016). Resilienz im Kontext von Sozialer Arbeit: Das Geheimnis der menschlichen Seele lüften? In Rüdiger Wink (Hrsg.), *Multidisziplinäre Perspektiven der Resilienzforschung* (S. 47-72). Wiesbaden: Springer.

Ziegler, Franz (2005). *Gewalt gegen Kinder. Konzept für eine umfassende Prävention. Kinderschutz Schweiz*. Bern: Zentralstelle für Familienfragen. Gefunden unter http://www.bsv.admin.ch/themen/kinder_jugend_alter/00066/index.html?lang=de&download